Estratégias de leitura em língua portuguesa

Antônio José Henriques Costa
Jane Thompson Brodbeck
Vanessa Loureiro Correa

Estratégias de leitura em língua portuguesa

EDITORA
intersaberes

EDITORA
intersaberes

Rua Clara Vendramin, 58 . Mossunguê
CEP 81200-170 . Curitiba . PR . Brasil
Fone: (41) 2106-4170
www.intersaberes.com
editora@editoraintersaberes.com.br

EDITORA-CHEFE
Lindsay Azambuja

SUPERVISORA EDITORIAL
Ariadne Nunes Wenger

ANALISTA EDITORIAL
Ariel Martins

PROJETO GRÁFICO
Raphael Bernadelli

CAPA
Clarissa Martinez Menini

FOTOGRAFIA DA CAPA
PantherMedia

1ª edição, 2013.

Foi feito o depósito legal.

Dados Internacionais de Catalogação na Publicação (CIP)
(Câmara Brasileira do Livro, SP, Brasil)

Brodbeck, Jane Thompson
Estratégias de leitura em língua portuguesa/Jane Thompson Brodbeck, Antônio José Henriques Costa, Vanessa Loureiro Correa. – Curitiba: InterSaberes, 2013. – (Série Por Dentro do Texto).

Bibliografia.
ISBN 978-85-8212-485-7

1. Escrita 2. Leitura 3. Livros e leitura 4. Português 5. Textos I. Costa, Antônio José Henriques. II. Correa, Vanessa Loureiro. III. Título. IV. Série.

12-09031 CDD-469.84

Índices para catálogo sistemático:
1. Leitura: Português: Linguística 469.84

Sumário

Apresentação

O domínio da leitura por parte dos alunos, em currículos escolares, tem fomentado inúmeras discussões em eventos educacionais, bem como tem sido tema alvo de muitas pesquisas. Isso porque sua apropriação, para a maioria dos docentes, é entendida como um dos campos fundamentais de desenvolvimento do pensamento humano.

Estratégias de leitura em língua portuguesa é uma obra que surge com o objetivo de fornecer a educadores subsídios histórico-metodológicos capazes de contribuir com a significação do "ler para aprender" (fases subsequentes do "aprender a ler"), o que significa formação e preparo de leitores críticos com capacidade de constatação, reflexão e transformação de significados em substituição a encaminhamentos de programações de leituras acríticas e desqualificadas, embasadas no casuísmo, na não sequenciação e na não integração de leitura à escrita.

O primeiro capítulo, A HISTÓRIA DA LEITURA, apresenta alguns recortes sobre a evolução da leitura ao longo da história. Nele se verifica que, na Antiguidade, efetivava-se a prática da leitura por meio da predominância da palavra oral como veículo das ideias, isto é, que os leitores se valiam da oralidade para ditar seus textos, demonstrando um tempo em que a questão da autoria estava relacionada com a voz.

A LEITURA À LUZ DOS PARÂMETROS CURRICULARES NACIONAIS (PCN), no segundo capítulo, aborda o processo de leitura, bem como o ensino desta conforme esses mesmos documentos, cuja preocupação é descrever de forma clara e sintética quais são os objetivos para o ensino da leitura em língua portuguesa, o conceito de leitura, os objetivos desse ensino e a aplicabilidade desses pressupostos no cotidiano escolar.

O terceiro capítulo, LEITURA: IMPLICAÇÕES CONCEITUAIS, focaliza conceitos de leitura, compreensão e interpretação e contexto, assim como os objetivos envolvidos em cada tipo de leitura, deixando claro que ler é muito mais que decifrar palavras.

Numa tentativa de proposta de novos métodos para o ensino e a aprendizagem da leitura, o quarto capítulo, intitulado ALFABETIZAÇÃO DA LEITURA E DA ESCRITA, propõe uma retomada de conceitos e da história de alfabetização – uma reflexão acerca do ensino da leitura e da escrita para alunos dos anos iniciais, que refletem na vida do falante.

O quinto capítulo, A AQUISIÇÃO DA ESCRITA E DA LEITURA, deixa claro que o desafio para o professor de língua portuguesa consiste em entender como se dá o ensino da leitura e da escritura para o falante, chamando a atenção, em especial, para a apropriação de conceitos claros quanto ao texto, ao contexto, à escrita e à leitura.

CONSTRUÇÃO DA COMPREENSÃO LEITORA, tema do sexto capítulo, retoma o conceito de leitura, inserido em uma perspectiva interativa, alertando para a importância de que o professor em formação tenha acesso aos aportes teóricos que fundamentam os modelos de leitura, assim como seus objetivos e demais implicações, com vistas à construção de significados que o leitor deve assimilar durante o processo de leitura.

Na sequência, o sétimo capítulo, O ENSINO DAS ESTRATÉGIAS DE LEITURA, traz uma abordagem sobre esse assunto, consideravelmente esquecido pela maioria dos professores de língua portuguesa, e procura ressaltar que o processo de leitura se dá mediante interação do leitor com o texto e que as etapas desenvolvidas ao longo desse processo contribuem para a construção dos significados.

A reflexão sobre a situação do ensino da leitura no âmbito escolar é o foco do oitavo capítulo, O ENSINO DA LEITURA NO CONTEXTO ESCOLAR, e desenvolve-se com a intenção de alertar que o ensino da leitura deve se dar por meio de propostas que promovam uma aprendizagem significativa, capazes de contribuir para a formação de leitores. Por isso, esse capítulo prioriza uma breve descrição do funcionamento do ensino da leitura na escola, bem com os aspectos necessários à construção de projetos de leitura.

O penúltimo capítulo, FORMAÇÃO DO LEITOR, faz uma radiografia da vivência de momentos de pouca leitura por parte dos alunos da sociedade contemporânea, chamando a atenção sobre o fato de que, entre as atividades de entretenimento, certamente a leitura não ocupa o primeiro lugar na preferência dos jovens. Analisa também as razões que motivam esse déficit e sugere algumas atividades capazes de corroborar para a formação de futuros leitores.

OFICINA DE LEITURA: UMA PROPOSTA METODOLÓGICA ENTRE TEORIA E PRÁTICA, que é o estudo do décimo e último capítulo deste livro, surge como uma desafiante proposta de aliar os conhecimentos adquiridos por meio de uma aprendizagem significativa na prática. Propõe, com base na organização de natureza teórica e prática, o planejamento e aplicação de uma oficina de leitura em instituições de ensino de educação básica.

Com a leitura desta obra, percebe-se que, para os autores, descortinar um desafio pedagógico sobre a formação do hábito da leitura que seja capaz de desenvolver o espírito crítico, atividades que permitam a expansão dos conhecimentos, das habilidades intelectuais, da criatividade e da tomada de decisões por parte do aluno leitor é um árduo caminho a ser perseguido, sugerindo ainda que se o modelo almejado é o leitor crítico, isto é, um sujeito capaz de discriminar intenções e de assumir atividades ante o contexto social com independência, não se poderá deixar de lado outras buscas sistemáticas de novas metodologias, de novas pesquisas e de novos paradigmas.

Santa Inês Pavinato Caetano

(1)

A história da leitura

Jane Thompson Brodbeck é graduada em Letras pela Pontifícia Universidade Católica do Rio Grande do Sul (PUCRS) e bacharel em Ciências Jurídicas e Sociais pela Universidade Federal do Rio Grande do Sul (UFRGS). Possui mestrado e doutorado em Literaturas de Língua Inglesa também pela UFRGS.

A leitura antiga é leitura de uma forma de livro que não tem nada de semelhante com o livro tal como o conhecemos, tal como conhecia Gutenberg e tal como o conheciam os homens da Idade Média.
– Roger Chartier (1998, p. 24)

Neste capítulo introdutório, apresentaremos alguns recortes sobre a evolução da leitura ao longo da história.

Na epígrafe de Roger Chartier, verificamos que, na Antiguidade, a leitura era feita por meio de rolos ou pergaminhos. Para tanto, o leitor deveria utilizar as duas mãos para poder desenrolá-los. Esse meio de divulgação do texto escrito trazia alguns inconvenientes de ordem prática, que determinaram, por sua vez, uma predominância da palavra oral como veículo das ideias. Como bem observa Chartier, os filósofos gregos certamente se valiam da oralidade para ditar os seus textos, o que demonstra um tempo em que a questão da autoria estava relacionada à voz.

(1.1) Origens

De acordo com Eric Haveloc (1995), a evolução do ser humano é biológica, daí a sua capacidade natural como falante e ouvinte, mas não como escritor ou leitor. A escrita, portanto, em termos de estágio de desenvolvimento do ser humano, "é mera 'presunção', um exercício artificial, um produto da cultura, não da natureza..." (Haveloc, 1995, p. 27). Com base nessa afirmação, devemos pensar a linguagem oral como predominante nos primórdios da humanidade. Como bem ressalta o autor, a comunicação nas sociedades pré-históricas se fazia justamente por meio da oralidade, sendo que esta não deve ser entendida como uma herança "primitiva, selvagem ou inculta" (Haveloc, 1995, p. 27).

Baseando-se nesses questionamentos sobre a nossa herança primeva, Haveloc (1995, p. 27-28) indaga até que ponto a oralidade foi suplantada pela escrita, pois

> *[d]eixando de lado os incontáveis milênios em que as sociedades humanas foram exclusivamente orais, pode-se concluir que, dos egípcios e sumérios aos fenícios e hebreus (para não mencionar os indianos e os chineses), a escrita nas sociedades onde era praticada restringiu-se às elites clericais ou comerciais, que se davam ao trabalho de aprendê-la. As atividades ligadas à justiça, governo e vida cotidiana ainda eram comandadas pela comunicação oral, como hoje ainda acontece em grande parte no mundo islâmico e até mesmo na China.*

Ao trazer para o debate a importância da comunicação oral, o autor adverte sobre a necessidade de o ensino formal levar em consideração a importância do legado oral na educação das crianças da escola fundamental, ou seja, "o ensino da cultura escrita deveria ser precedido por um currículo que inclua canções, danças e recitação [...]" (Haveloc, 1995, p. 28).

A propósito da recitação, se atentarmos para as primeiras formas de manifestação literária do mundo ocidental, verificamos que a escrita foi uma forma de eternizar as criações dos artistas gregos. No entanto, se analisarmos o contexto social da época em que os grandes poemas épicos gregos foram produzidos, constatamos a importância da oralidade como fundamento da criação literária. Para que se tenha uma melhor compreensão desse fenômeno, faz-se necessária uma investigação a respeito do assunto; para isso, apresentamos a seguir algumas observações de estudiosos do tema. De acordo com o renomado professor de Estudos Clássicos, da Universidade de Missouri, John Miles Foley (2007, p. 1),

Ler Homero hoje em dia, quase três milênios mais tarde, nos oferece algumas possibilidades muito instigantes bem como desafios contínuos. Também se pode elencar como uma das mais recentes descobertas o fato de que sob os manuscritos oculta-se uma tradição oral de longa duração. Ou seja, antes da Ilíada ou da Odisseia assumir a forma escrita [...] existia uma antiga tradição grega de contar estórias, uma forma oral de contar a guerra de Troia [...][a].

O que Foley ressalta é a questão do modo como a narrativa era contada, ou seja, a leitura dos épicos assumia a forma de *PERFORMANCES* em vez da leitura silenciosa a que estamos acostumados desde alguns séculos, sendo que a própria compreensão das obras referidas está imbricada com o contexto social e histórico da sociedade grega.

A respeito da maneira como os antigos liam, o professor de Estudos Clássicos da Universidade de Cincinnati, William A. Johnson (2000, p. 620), informa-nos que os textos literários eram encenados para um grupo pequeno de ouvintes por um leitor que utilizava o rolo (formato do livro) e a *performance.*

era atribuição do leitor dar vida ao texto, inserir os aspectos prosódicos e a força ilocucionária que se perdem no sistema escrito. O rolo era "encenado" pelo leitor da mesma forma que nós assistimos a um vídeo ou a uma performance de teatro. [...] O leitor desempenhava o papel do performático, e a pausa e tom de voz fornecidos pelas marcas paralinguísticas nos textos atuais (vírgulas, citações, itálico, novo parágrafo, etc.) eram atribuição do leitor através da sua interpretação. A pontuação, se houvesse, não tinha força autoral e podia ser e era mudada de acordo com a vontade do leitor.[...] Além disso, a ideia de "leitor" era complexa: não simplesmente o leitor-ouvinte, mas o leitor-performático que atua como um intermediário, assim como o ator de uma peça de teatro[b].

a. Tradução livre da autora deste livro do original em inglês: "Reading Homer today, nearly three millennia after the fact, presents us with some fresh and exciting opportunities alongside some persistent challenges. Not least among the newer developments is the relatively recent discovery that behind our surviving manuscripts lurks a longstanding, textless oral tradition. In other words, before the *Iliad* or *Odyssey* assumed any kind of written form — never mind our convenient modern editions and translations — there existed an ancient Greek oral storytelling tradition, an unwritten vehicle for the tales that surround the Trojan War".

b. Tradução livre da autora deste trabalho do original em inglês: "it was the *reader's* job to bring the text alive, to insert the prosodic features and illocutionary force lacking in the writing system. The continuous roll was 'played' by the reader much in the way that we play a videotape or witness a stage performance [...] The reader played the role of performer, in effect, and the sort of direction for pause and tone given by the author's paralinguistic markup in our texts (commas, quotes, italics, indentation, etc.) was left to the reader's interpretation of the lines. Punctuation, if it existed, had no authorial force, and could be — was — changed at will.[...] Moreover, the idea of the 'reader' is complex: not simply the reader-listener, but a reader-performer who acts as an intermediary, much like an actor rendering a play".

(1.2) Idade Média

Na Idade Média não houve, pelo menos nos primeiros séculos, uma alteração muito grande quanto aos modos de leitura, tendo em vista que o controle total da Igreja Católica sobre a sociedade impedia que houvesse um desenvolvimento da educação e, consequentemente, da leitura entre as camadas mais baixas da população. A leitura se tornou privilégio dos monges, que exerciam a função de copistas de novos livros e também de guardiões da herança cultural greco-romana. O conhecimento, de certa forma, ficava restrito às bibliotecas e às salas de leitura dos monastérios e círculos adstritos a certos extratos da sociedade medieval.

Observamos nas pesquisas de Alberto Manguel (1996, p. 63-64) que "poucas pessoas sabiam ler, as leituras públicas eram comuns e os textos medievais repetidamente apelavam à audiência para que 'prestasse ouvidos' à história". Um dos exemplos mais conhecidos da literatura medieval é justamente a obra *Contos da Cantuária,* do inglês Geoffrey Chaucer, que certamente foi registrada pelos copistas, mas, como observa Barry Sanders (1995, p. 127), a difusão dos contos foi feita de forma oral, "o que significa que os espectadores de Chaucer estavam habituados a ouvir seus poetas, algo frequente e que devia constituir um dos grandes prazeres cerimoniais da vida medieval".

Quanto aos *Contos da Cantuária,* Sanders aponta para o fato de que a estrutura dos versos, incluindo orações subordinadas, dificultava a memorização do conteúdo por um público que não tinha familiaridade com as técnicas escritas, o que mostra as transformações que Chaucer produz com a sua obra, rompendo com os limites da oralidade, fazendo a audiência medieval ouvir "os versos do *Canterbury Tales* como *grammatica,* como obra literária" (Sanders, 1995, p. 129). É perceptível como a forma da apresentação oral, à qual a audiência medieval estava familiarizada, sofre a influência do texto escrito, em que se torna impossível para a plateia apreender e memorizar o conteúdo dos versos, devido à complexidade da palavra escrita em relação à palavra falada.

> *A incapacidade de lembrar constitui, assim, uma estratégia crucial para Chaucer. Antes de mais nada, emprega-a de maneira agressiva e autoritária para colocar os ouvintes em seu lugar de transição. Pedindo-lhes que façam o impossível – visualizar a página à medida que ouvem – transformando-os em vítimas, roubando-lhes a oportunidade de realmente "apreenderem" o poema. Neste ponto, o poema os "apreende". Mas seu truque é ainda mais amplo. Ao revelar sua própria incapacidade de lembrar, aponta para uma transição igualmente importante – referente a ele mesmo – de poeta e orador para autor e autoridade. (Sanders, 1995, p. 128)*

(1.3) Renascença

Se a Idade Média apresentou mudanças substanciais em relação à leitura, na renascença europeia, a invenção da imprensa, na década de 1440, por Johannes Gutenberg, produziu efeitos tão extraordinários que alteraram para sempre os hábitos e modos de leitura, além de possibilitar a criação de um público leitor de outros extratos sociais, pois "a produção rápida e barata levou a um mercado maior, composto por gente que podia comprar exemplares para ler em particular e que, portanto, não precisava de livros com tipos e formatos grandes [...]" (Manguel, 1996, p. 160).

A praticidade que a imprensa viabilizou ao leitor é imensurável, visto que, a partir do momento em que o discurso oral é transposto para o papel por meio dos tipos, a manipulação do livro se torna infinitamente maior, além da produção em grande escala, diferente da maneira artesanal da qual o livro era produzido no começo da Idade Média, em que alguns dos "livros de culto eram tão imensos que tinham de ser postos em rodinhas para que pudessem ser movidos. [...] eram livros para serem lidos comunalmente e à distância, desautorizando qualquer leitura íntima ou sentimento de posse individual" (Manguel, 1996, p. 155).

Conforme Lucia Santaella (2004, p. 23), a partir do século XVI, a prática predominante foi a leitura individual; o leitor se tornou laico, não mais sujeito ao domínio absoluto da Igreja Católica e da *Bíblia* e outros documentos religiosos. Houve uma diversidade maior de textos a ser lida, uma maior "emancipação das celebrações religiosas, eclesiásticas ou familiares". A esse tipo de leitor a autora denomina de *contemplativo*, pois "não é acossado pela urgência do tempo. [...] Embora a leitura da escrita de um livro seja sequencial, a solidez do objeto livro permite idas e vindas, retornos, ressignificações" (Santaella, 2004, p. 24).

(1.4) Do Iluminismo ao século XIX

De acordo com a professora Jane V. Curran (2005), coordenadora do Departamento de Alemão da Universidade Dalhousie, no Canadá, a alfabetização na época iluminista ultrapassa os estudos dos eruditos, sendo que a leitura se torna um passatempo público devido à circulação crescente dos livros. Curran também aponta para o fato de que as pessoas deixavam de lado os textos devocionais procurando outros tipos de leitura. Conforme a autora, as fontes de leitura se dividiam em quatro categorias, a saber:

- Pessoal: que incluía correspondências, diários, relato de conversas.

- Teórica: que incluía prefácios, manuais de natureza mais prática, especulações acadêmicas.
- Estrutural: características construídas pelo autor no texto que reconhecem práticas de leitura e promovem a leitura oral.
- Temática: referências e exemplos de personagens em um contexto narrativo (Curran, 2005, p. 697).

Quanto aos tipos de leituras que fazem parte do final do século XVIII, Reinhard Wittmann as classifica em selvagem, erudita e útil:

- Leitura selvagem: que representava a única forma de leitura da população campesina e de grande parte das camadas citadinas inferiores.
- Leitura erudita: em que o erudito pedante, sisudo e caseiro foi substituído pelo versátil *petit maître*, que se exercitava nas ciências apenas superficialmente.
- Leitura útil: era aquela que promovia uma moral útil à sociedade e, ao mesmo tempo, ao indivíduo. Era tanto para o abastado comerciante como para o estudante esforçado, para a mulher culta como para o funcionário sisudo, um dever moral, não mera diversão ociosa (Curran, 2005, p. 141-143).

No século XIX, a leitura se estendeu a todas as classes sociais europeias, fazendo com que a publicação de textos ficcionais nos jornais se tornasse um meio de tornar os autores conhecidos do grande público. Além dos jornais, houve uma preocupação em baratear o custo do livro, como podemos observar no caso do romancista inglês Charles Dickens, cujos editores optaram por publicar alguns de seus romances mais importantes em capítulos semanais ou mensais, tendo em vista que o alto custo de um romance impediria que um trabalhador mediano pudesse adquiri-lo. Dessa forma, a leitura, que era, nos primeiros séculos, uma atividade restrita a determinados grupos sociais, democratizou-se, impulsionando o mercado editorial e fazendo com que um número cada vez maior de pessoas se tornasse leitores efetivos.

(1.5) Leitura no século XX

O leitor do século XX se defrontou com um cenário em que as certezas sólidas construídas pelo Iluminismo e o racionalismo dos séculos XVIII e XIX se desmanchavam no ar, como dizia Marx. Às mudanças que já vinham em ritmo acelerado desde o século XIX, como o crescimento desenfreado dos grandes centros urbanos, acrescentou-se a invenção do automóvel, do avião, da televisão e do cinema, que revolucionaram a questão do tempo e do espaço. A ideia de permanência dos valores morais e éticos também se esvaiu com a deflagração das duas grandes guerras mundiais, em que os seres humanos puderam vivenciar a fragilidade da vida humana e da dignidade e a descrença em um Deus. Todos esses acontecimentos transformaram a maneira de entender o mundo, fazendo com que as artes e a literatura apresentassem novas formas de apreensão da realidade circundante, gerando um leitor que Santaella chama de *movente, fragmentado*. Conforme Santaella (2004, p. 29), esse tipo de leitor é aquele

> *[q]ue foi se ajustando a novos ritmos da atenção, ritmos que passam com igual velocidade de um estado fixo para um móvel. É o leitor treinado nas distrações fugazes e sensações evanescentes cuja percepção se tornou uma atividade instável, de intensidades desiguais. É, enfim, o leitor apressado de linguagens efêmeras, híbridas, misturadas. Mistura que está no cerne do jornal, primeiro grande rival do livro. A impressão mecânica aliada ao telégrafo e à fotografia gerou essa linguagem híbrida, a do jornal, testemunha do cotidiano, fadada a durar o tempo exato daquilo que noticia. Aparece assim, com o jornal, o leitor fugaz, novidadeiro, de memória curta, mas ágil. Um leitor que precisa esquecer, pelo excesso de estímulos, e na falta do tempo para retê-los. Um leitor de fragmentos, leitor de tiras de jornal e fatias de realidade. (Santaella, 2004, p. 29)*

De acordo com a autora anteriormente citada, esse leitor convive em um mundo no qual ele esbarra a todo o momento em signos, em diferentes linguagens, pois, diferentemente dos leitores meditativos, o leitor fragmentado experimenta rupturas de tempo e espaço, sendo que o seu nomadismo também influi em seus gostos de leitura, pois os grandes romances, aqueles com mais de 500 páginas, tornam-se praticamente impossíveis de serem transportados nas viagens rápidas em metrôs, carros ou aviões. As imagens, por sua vez, alimentam o imaginário dos habitantes do século XX através da televisão e das telas de cinema, criando novas maneiras de representar a vida rotineira. O fato de os filmes terem em média uma hora de projeção faz com que os roteiristas e diretores utilizem recursos de cores, sons, cortes para transpor obras literárias para a tela, tendo em vista que o cinema não conta com o auxílio dos narradores de obras ficcionais, valendo-se, muitas vezes, da sutileza para representar o discurso literário.

(1.6) O leitor da era digital

Seguindo a classificação de Santaella (2004, p.33) em relação aos leitores das diferentes épocas, o leitor da era digital é classificado como imersivo, virtual, *cuja subjetividade se mescla na hipersubjetividade de infinitos textos num grande caleidoscópio tridimensional onde cada novo nó e nexo pode conter uma outra grande rede numa outra dimensão. Enfim, o que se tem aí é um universo novo que parece realizar o sonho ou alucinação borgiana da biblioteca de Babel, uma biblioteca virtual, mas que funciona como promessa eterna de se tornar real a cada "clique" do mouse.*

As gerações que nasceram na época do computador desenvolvem uma forma de ler que ultrapassa a todas as outras mudanças que ocorreram ao longo dos séculos, pois a era digital acarretou "transformações sensórias, perceptivas e cognitivas que trazem consequências também para a formação de um novo tipo de sensibilidade corporal, física e mental" (Santaella, 2004, p. 34).

Fazendo um breve retrospecto do que estudamos até aqui, observamos que a leitura procede da oralidade, pois, antes que a escrita surgisse, histórias vinham sendo contadas há milênios, encantando as plateias. Por outro lado, a maior contribuição que a escrita nos legou foi a possibilidade de registrar as memórias de povos dos séculos anteriores, bem como as suas narrativas, que tornam a leitura fascinante em todas as épocas da humanidade, para todas as faixas etárias, não importando a forma como ela se manifesta: em rolos, como nos tempos antigos, nos gigantescos livros artesanais da Idade Média, na circulação dos livros populares ou, ainda, nos livros digitais. O que importa, como bem ressalta Jorge Luis Borges, maior escritor argentino contemporâneo, citado por Fonseca (1987, p. 104), é que " [a] gente tem vontade de perder-se em *As Mil e uma Noites*, pois sabe que, se entrar nesse livro, é capaz de esquecer nosso pobre destino humano".

Atividades

1. Assinale a alternativa correta:
   a. Na Antiguidade greco-clássica, havia somente narrativas orais.
   b. A oralidade era a única forma de comunicação nas sociedades antigas.
   c. O ser humano tem capacidade intrínseca de falante e leitor.
   d. A recitação é uma forma ainda utilizada hoje em dia.

2. Assinale a alternativa INCORRETA:
   a. Os copistas tinham a incumbência de preservar a memória da cultura antiga por meio da sua atividade.

b. Os copistas eram homens dedicados em período integral a reproduzir as obras.
c. As bibliotecas eram um local frequentado por diferentes grupos sociais na idade média.
d. Os copistas eram monges.

3. Assinale a alternativa INCORRETA:
   a. Leitor contemplativo significa um leitor que passava muitas horas lendo livros de religião.
   b. Os leitores contemplativos exercem uma leitura silenciosa.
   c. Os leitores contemplativos surgiram no Renascimento.
   d. Os leitores contemplativos não eram monges.

4. Assinale a alternativa correta:
   a. No tempo de Chaucer, havia livre acesso à sua obra entre os espectadores.
   b. No mundo da primeira Revolução Industrial, surgiu o leitor fragmentado.
   c. A multimídia e a hipermídia são parte do dia a dia do leitor imersivo.
   d. Com a aparição do livro digital, o livro impresso tende a desaparecer.

5. Assinale a alternativa que completa a afirmação a seguir:
6. *A formação de bons leitores inicia a partir da:*
   a. escola secundária.
   b. prática oral.
   c. escrita.
   d. leitura de revistas em quadrinhos.

(2)

A leitura à luz dos Parâmetros Curriculares Nacionais (PCN)

Antônio José Henriques Costa é graduado em Letras, especialista em Administração e Planejamento para Docentes e mestre em Educação com ênfase em Estudos Culturais pela Universidade Luterana do Brasil (Ulbra).

A leitura do mundo precede a leitura da palavra.
– Paulo Freire (2003, p. 11)

Neste capítulo, o enfoque consiste na abordagem do processo de leitura, assim como do seu ensino, à luz dos Parâmetros Curriculares Nacionais (PCN), ou seja, pretendemos descrever de forma bastante clara e sintética quais são os objetivos para o ensino da leitura em língua portuguesa estabelecidos por esse documento de referência curricular. Portanto, para tal exercício acadêmico, estabelecemos como ponto de partida o conhecimento a respeito do conceito de leitura e os objetivos desse ensino expressos no referido documento e a aplicabilidade desses pressupostos no cotidiano escolar.

Abordaremos uma das temáticas mais significativas na trajetória escolar de um estudante, seja ele brasileiro, seja ele estrangeiro: a LEITURA. A grande responsabilidade da escola – ensinar a ler e, consequentemente, estimular a leitura em todos os seus estudantes – tem sido a tônica de muitos congressos, simpósios, assim como o próprio objeto de investigação para acadêmicos e pesquisadores de diversas áreas do conhecimento humano. Atualmente, as discussões sobre o ensino da leitura na escola são potencializadas principalmente pelas agências formadoras dos futuros professores de Língua Portuguesa, pois estes naturalmente serão os principais multiplicadores de propostas didáticas que possam elevar os níveis de leitura em nosso contexto educacional.

À medida que especialistas e professores buscam apresentar as características da linguagem expressas por meio dos diferentes gêneros literários, a diversificação nas estratégias de ensino alcança um *status* de relevante importância no processo de ensino e aprendizagem. Para tanto, ressaltamos não somente o conhecimento e reconhecimento dessa ação escolar, mas a constante reflexão teórico-prática, a fim de efetivamente qualificar o ensino da leitura.

Ao abordamos o ensino da leitura na escola, não podemos deixar de mencionar outra temática de extrema relevância no contexto socioeducacional, que, apesar de estar na contramão do processo de qualificação da aprendizagem da leitura, neste texto tem o propósito de justificar e contextualizar a importância desse processo: o analfabetismo. Historicamente, a erradicação dessa problemática social em nosso país tem sido utilizada como meta dos sucessivos governos. Atualmente, temos um contingente de 16 milhões de analfabetos e, se considerarmos a classificação de analfabeto funcional[a] dada pelo Instituto Brasileiro de Geografia e Estatística (IBGE) em 2000, esse número se eleva para 30 milhões. Cabe salientar que o número de pessoas escolarizadas em um país contribui para estabelecer o Índice de Desenvolvimento Humano (IDH), estabelecido pelo Programa das Nações Unidas para o Desenvolvimento (PNUD), no qual o Brasil ocupa a 73ª posição no *ranking* mundial.

Com o intuito de reverter os efeitos dessa realidade de exclusão social, muitas ações e projetos foram implementados nas últimas décadas e liderados pelos governos federais, estaduais, municipais por instituições privadas e até mesmos pelas organizações não governamentais (ONGs), objetivando contribuir para a formação de uma sociedade menos desigual. Destacamos, entre tantos projetos

a. *Analfabeto funcional*, segundo classificação do IBGE, é toda pessoa com menos de quatro séries de estudos concluídos. Já *pessoa alfabetizada* é "pessoa capaz de ler e escrever pelo menos um bilhete simples no idioma que conhece" (Inep, 2003, p. 6).

de importante natureza, o programa de Educação de Jovens e Adultos (EJA) para a conclusão da educação básica, destinado a pessoas com faixa etária superior a 15 anos e que não tiveram acesso à escola ou que evadiram desta precocemente. O programa é ofertado pelo Governo Federal em parceria com os governos estaduais e municipais. Citamos o referido programa por este configurar-se como um possível espaço de atuação dos acadêmicos do curso de Letras em suas práticas pedagógicas ao longo do curso e, posteriormente, um contexto escolar de inserção profissional.

(2.1) PCN: conceito, objetivos e organização

Iniciamos pela própria definição: os Parâmetros Curriculares Nacionais (PCN) são constituídos por um conjunto de proposições educacionais que visam auxiliar professores e autoridades governamentais no implemento da qualificação dos processos educacionais, respeitando as características locais e regionais. Essas proposições foram elaboradas, discutidas e socializadas por especialistas em educação, professores universitários, técnicos educacionais de esfera estadual e municipal e educadores de diversas regiões do país. Após análise da primeira versão, os participantes emitiram pareceres sobre a proposta e que serviram de referencial para a elaboração da versão final.

Os parâmetros propostos possuem uma natureza flexível e, conforme estabelecido pela Lei Federal nº 9.394, de 20 de dezembro de 1996 (Lei de Diretrizes e Bases da Educação Nacional – LDBEN – Brasil, 1996), a organização da educação básica é de autonomia do poder público, ou seja, os governos estaduais e municipais têm a liberdade de propor projetos educacionais em suas redes escolares visando à qualificação do ensino fundamental e médio. Nessa perspectiva, os PCN devem ser analisados e adequados às necessidades regionais e locais, conforme recomenda o próprio documento:

> *Sua função é orientar e garantir a coerência dos investimentos no sistema educacional, socializando discussões, pesquisas e recomendações, subsidiando a participação de técnicos e professores brasileiros, principalmente daqueles que se encontram mais isolados, com menor contato com a produção pedagógica atual.*
> *Não configuram, portanto, um modelo curricular homogêneo e impositivo, que se sobreporia à competência político-executiva dos Estados e Municípios, à diversidade sociocultural das diferentes regiões do País ou à autonomia de professores e equipes pedagógicas.* (Brasil, 1998, p. 13)

Nesse sentido, com a premissa de respeitar as diversidades culturais, regionais, étnicas, religiosas e políticas que constituem uma sociedade de natureza múltipla, é fundamental o estabelecimento de diretrizes mínimas que assegurem a qualificação do sistema educacional e que possuam estreita ligação com o processo de construção da cidadania de forma igualitária a todos os cidadãos. Os debates realizados na Conferência Mundial de Educação para Todos[b], ocorrida no ano de 1990 em Jomtien, na Tailândia, elegeram a universalização da educação básica como tema central e o estabelecimento das necessidades básicas de aprendizagem, tendo como base um cenário educacional mundial nada positivo. Dessa forma, a implementação dos PCN representa uma das ações de um programa de qualificação do sistema educacional, compromisso assumido internacionalmente por diversos países e que tem como referência a Declaração de Nova Delhi[c].

Os PCN atendem, então, aos dispositivos legais da LDBEN/1996, que atribuem ao Poder Público a responsabilidade de garantir uma formação básica comum para todos e as diretrizes que possam nortear um currículo e conteúdos mínimos. Para assegurar tal desafio, esses documentos foram elaborados e organizados tendo como referência os seguintes objetivos, com base na LDBEN/1996, em seu art. 32:

> *O ensino proposta pela LDB está em função do objetivo maior do ensino fundamental, que é o de propiciar a todos formação básica para a cidadania, a partir da criação na escola de condições de aprendizagem para:*
> *I – o desenvolvimento da capacidade de aprender, tendo como meios básicos o* **PLENO DOMÍNIO DA LEITURA**, *da escrita e do cálculo;*
> *II – a compreensão do ambiente natural e social, do sistema político, da tecnologia, das artes e dos valores em que se fundamenta a sociedade;*
> *III – o desenvolvimento da capacidade de aprendizagem, tendo em vista a aquisição de conhecimentos e habilidades e a formação de atitudes e valores;*
> *IV – o fortalecimento dos vínculos de família, dos laços de solidariedade humana e de tolerância recíproca em que se assenta a vida social.* (Brasil, 1996, grifo nosso)

b. Para saber mais sobre a Conferência Mundial de Educação para Todos, acesse o *link*: <http://www.acaoeducativa.org.br/downloads/Declaracao_Jomtien.pdf>.

c. A Declaração de Nova Delhi refere-se a um documento oficial assumido em 1993 pelos representantes de nove países em desenvolvimento para o cumprimento das metas estabelecidas na Conferência Mundial sobre Educação para Todos, na Tailândia, realizada no mesmo ano, e pela Cúpula Mundial da Criança, realizada em 1990. Disponível em: <http://unesdoc.unesco.org/images/0013/001393/139393por.pdf>

Como podemos observar, os desafios que são traçados para a escola e toda a sua comunidade não são tão elementares, ou seja, a escola, por meio de seu projeto pedagógico, precisa oferecer uma formação integral para todos os seus educandos. Destacamos, conforme a LDBEN/1996, o pleno domínio da leitura como meio para o aprendizado dos diferentes saberes. A leitura é entendida como instrumento para acessar os conhecimentos de todos os componentes curriculares. Portanto, os professores de Língua Portuguesa precisam estar em constante atualização pedagógica, discutindo, planejando, avaliando, aplicando diferentes estratégias didáticas para qualificar o ensino de leitura.

Inseridos em uma proposta interdisciplinar por meio de uma perspectiva democrática e participativa, os parâmetros abordam temáticas de ordem didática, sendo divididos por área de conhecimento e por ciclo. Vejamos o esquema:

Figura 2.1 – Área de conhecimento

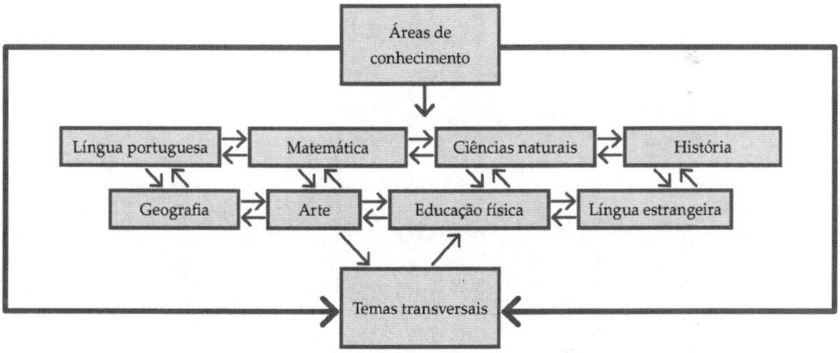

Os ciclos[d] correspondem respectivamente às seguintes séries do ensino fundamental:

- 1º ciclo: 1ª e 2ª séries;
- 2º ciclo: 3ª e 4ª séries;
- 3º ciclo: 5ª e 6ª séries;
- 4º ciclo: 7ª e 8ª séries.

Em caráter de recomendação, os PCN apontam que as questões sociais sejam trabalhadas por uma abordagem transversal, ou seja, que as temáticas sejam

d. Com a divisão do ensino fundamental em nove anos, e com o intuito de padronizar uma nomenclatura comum às multiplas possibilidades de organização desse nível de ensino – conforme art. 23 da LDB nº 9.394/1996 – foi sugerida a seguinte divisão (Brasil, 2004): anos iniciais – 1º ao 5º; anos finais – 6º ao 9º.

integradas ao planejamento dos diferentes componentes curriculares. Os temas transversais são: ética, pluralidade cultural e orientação sexual, meio ambiente e saúde. Para o ensino fundamental, os PCN seguem a organização escolar por ciclos. Para os estados e municípios que não possuem uma estruturação escolar por ciclos, sugere-se que as equipes pedagógicas, juntamente com os professores, façam as devidas adequações das proposições didáticas que constituem os parâmetros.

Para o ensino médio, os PCN também seguem a mesma linha de organização, por áreas de conhecimento, conforme o esquema a seguir.

Figura 2.2 – Temas transversais

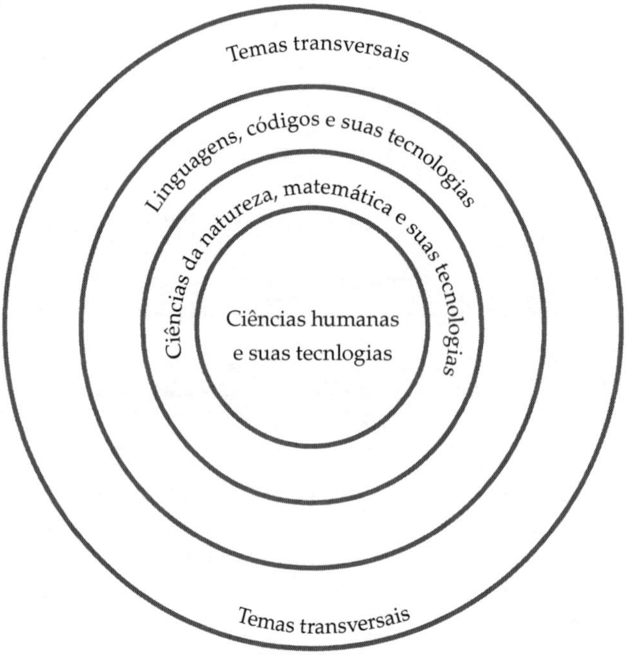

Os PCN representam uma estrutura curricular completa, ou seja, os documentos envolvem um conjunto de etapas da ação educativa, como caracterização das áreas do conhecimento, objetivos, organização dos conteúdos mínimos, critérios de avaliação e orientações didáticas. Apesar da amplitude e flexibilidade das propostas que constituem esses parâmetros, é importante que as equipes pedagógicas e corpo docente estabeleçam critérios de avaliação e atualização e revisão das propostas, a fim de proporcionar uma constante atualização dos conhecimentos, os quais deverão estar sempre em consonância com a realidade social.

(2.2) Área de língua portuguesa: objetivos e perspectivas

O domínio da leitura e da escrita é considerado como referencial para atestar o nível de qualidade do ensino na rede escolar. Por esse motivo, nas últimas décadas, o ensino da língua portuguesa tem sido objeto de constantes discussões e reflexões para professores e especialistas da área. Inicialmente, por volta da década de 1970, as propostas de reformulação focalizaram os métodos de ensino, ou seja, como a língua era ensinada. As questões sociopolíticas vividas na época pela sociedade brasileira tornaram a escola um espaço de convivência de todas as camadas sociais, contrariando a natureza de um local de predominância das categorias sociais economicamente mais privilegiadas. No entanto, o universo da diversidade cultural e o respeito pela variedade linguística não eram considerados e, por essa razão, o respeito à língua padrão, gramatical, sempre foi muito valorizado.

Entre as críticas mais frequentes que se faziam ao ensino tradicional, destacavam-se:

- a desconsideração da realidade e dos interesses dos alunos;
- a excessiva escolarização das atividades de leitura e produção de texto;
- o uso do texto como expediente para ensinar valores morais e como pretexto para o tratamento de aspectos gramaticais;
- a excessiva valorização da gramática normativa e a insistência nas regras de exceção como consequente preconceito contra as formas de oralidade e as variedades coloquiais;
- o ensino descontextualizado da metalinguagem, normalmente associado a exercícios mecânicos de identificação de fragmentos linguísticos em frases soltas;
- a apresentação de uma teoria gramatical inconsistente, uma espécie de gramática tradicional mitigada e facilitada. (Brasil, 1998, p. 18)

Com os avanços dos estudos da área da linguística, principalmente no que tange à psicolinguística e à sociolinguística, outros aspectos referentes à linguagem despertaram o interesse de especialistas e professores. O próprio conceito de erro passou a ser revisto e as influências do estigma social representadas principalmente pelas variedades linguísticas ocuparam espaços nas discussões acadêmicas. Com isso, esse novo olhar e tratamento das questões que cercavam o uso da linguagem começaram a integrar as aulas de Língua Portuguesa. Salientamos que, apesar dos inúmeros avanços em direção a uma metodologia que valorize os saberes linguísticos em suas diferentes esferas sociais, ainda é possível nos depararmos com aulas extremamente tradicionais que valorizam o estudo das regras gramaticais dissociadas de qualquer relação com a visão de mundo dos alunos envolvidos. Destacamos alguns dos objetivos gerais para o ensino da língua portuguesa no ensino fundamental, conforme recomendação dos PCN (Brasil, 1998, p. 32-33):

- *utilizar a linguagem para estruturar a experiência e explicar a realidade, operando sobre as representações construídas em várias áreas do conhecimento;* *[...]*
- *conhecer e valorizar as diferentes variedades do Português, procurando combater o preconceito linguístico;*
- *reconhecer e valorizar a linguagem de seu grupo social como instrumento adequado e eficiente na comunicação cotidiana, na elaboração artística e mesmo nas interações com pessoas de outros grupos sociais que se expressem por meio de outras variedades.*

Em síntese, o aprender e o ensinar a língua portuguesa na escola propõem vários desafios para ambos os envolvidos, alunos e professores, respeitosamente. Cabe ao professor o conhecimento da realidade escolar para, então, planejar, executar e orientar situações de aprendizado que promovam e contribuam para formação linguística de seus alunos. Do aluno, espera-se seu envolvimento com o objeto de estudo, tornando-se capaz de interagir com o outro por meio das diferentes formas e nos mais variados contextos comunicativos.

(2.3) O processo de leitura

Entre as diferentes atividades didáticas que são propostas pela escola, chamamos atenção para o conjunto de proposições que visam à formação dos leitores críticos e reflexivos. Portanto, as atividades precisam ser consequência de um planejamento significativo que possibilite o conhecimento das etapas do processo de leitura, resultando no domínio pleno da leitura. Salientamos que a leitura e seus benefícios não são de uso e compromisso exclusivo da área de língua portuguesa. Como já mencionamos anteriormente, a leitura representa um canal que os alunos utilizarão para acessar os conhecimentos das demais áreas. Portanto, destacamos a presença de propostas de leitura no planejamento de todos os componentes curriculares, possibilitando um diálogo permanente entre os diferentes saberes e contribuindo para a competência leitora dos alunos. Conforme Neves et al. (2001, p. 15), o ensino da leitura e da escrita é um compromisso de todos os professores, pois

Ler e escrever são tarefas da escola, questões para todas as áreas, uma vez que são habilidades indispensáveis para a formação de um estudante, que é responsabilidade da escola. Ensinar é dar condições ao aluno para que ele se aproprie do conhecimento historicamente construído e se insira nessa construção como produtor de conhecimento. Ensinar é ensinar a ler para que o aluno se torne capaz dessa apropriação, pois o conhecimento acumulado está escrito em livros, revistas, jornais, relatórios e arquivos.

Dessa forma, no que tange o processo de leitura, os PCN (Brasil, 1998, p. 50-51) recomendam o desenvolvimento das seguintes habilidades, esperando que o aluno

- *saiba selecionar textos segundo seu interesse e necessidade;*
- *leia, de maneira autônoma, textos de gêneros e temas com os quais tenha construído familiaridade:*
  - *selecionando procedimentos de leitura adequados a diferentes objetivos e interesses, e a características do gênero e suporte;*
  - *desenvolvendo sua capacidade de construir um conjunto de expectativas (pressuposições antecipadoras dos sentidos, da forma e da função do texto), apoiando-se em seus conhecimentos prévios sobre gênero, suporte e universo temático, bem como sobre saliências textuais. recursos gráficos, imagens, dados da própria obra (índice, prefácio etc.);*
  - *confirmando antecipações e inferências realizadas antes e durante a leitura;*
  - *articulando o maior número possível de índices textuais e contextuais na construção do sentido do texto, de modo a:*

  a. *utilizar inferências pragmáticas para dar sentido a expressões que não pertençam a seu repertório linguístico ou estejam empregadas de forma não usual em sua linguagem;*

  b. *extrair informações não explicitadas, apoiando-se em deduções;*

  c. *estabelecer a progressão temática;*

  d. *integrar e sintetizar informações, expressando-as em linguagem própria, oralmente ou por escrito;*

  e. *interpretar recursos figurativos tais como: metáforas, metonímias, eufemismos, hipérboles etc.;*

  [...]
- *seja receptivo a textos que rompam com seu universo de expectativas, por meio de leituras desafiadoras para sua condição atual, apoiando-se em marcas formais do próprio texto ou em orientações oferecidas pelo professor;*
- *troque impressões com outros leitores a respeito dos textos lidos, posicionando-se diante da crítica, tanto a partir do próprio texto como de sua prática enquanto leitor;*

[...].

Também é válido lembrar que é preciso reconhecer e valorizar o conhecimento prévio dos alunos, pois, dessa forma, será despertado o seu interesse, possibilitando o aprofundamento de conhecimentos já construídos, a despeito da escola também ser responsável por apresentar aos alunos novos conhecimentos. Ainda assim, para que o educando alcance a habilidade na leitura autônoma, é importante que o professor contemple em seu planejamento o ensino das estratégias de leitura, propondo atividades didáticas que possibilitem a identificação de facilitadores no processo de leitura, por exemplo. O aluno precisará demonstrar domínio das figuras de linguagem que contribuirão para elevar o nível de compreensão textual; para tal desafio, o professor deverá propor a leitura de textos de diferentes tipologias para que o aluno reconheça as características de cada uma delas.

Portanto, sugere-se ao professor que, durante as aulas de Língua Portuguesa, sejam promovidas oportunidades de socialização das leituras, ou seja, possibilidades de debater as ideias compreendidas e, assim, seja possível avaliar de fato o aluno em sua prática de leitura.

Como podemos perceber, conforme recomendações dos PCN, as habilidades a serem desenvolvidas com a leitura de textos escritos seguem uma sequência de etapas que envolvem desde a seleção de textos de diferentes temáticas e tipologias até propostas didáticas que possibilitem a socialização das ideias compreendidas pelos alunos. Na verdade, cabe à equipe de professores da escola desenvolver um planejamento de leitura, em uma atitude interdisciplinar, com vistas à formação de leitores críticos e autônomos. Salientamos que esse planejamento deve explicitar uma progressão textual gradual, isto é, a seleção de textos deverá contemplar não somente as variedades de gêneros e/ou assuntos, mas o próprio nível de linguagem. A valorização da leitura na escola é um desafio de todos os professores, não somente dos professores de Língua Portuguesa, e isso passa por um processo de conscientização cultural acerca dos benefícios que uma política de leitura pode trazer para toda a comunidade escolar.

Conforme os PCN (Brasil, 1998, p. 72-74), o professor poderá contar com várias alternativas didáticas que contribuem para a formação de leitores. Destacamos algumas delas a seguir:

a. LEITURA AUTÔNOMA: é realizada preferencialmente de forma silenciosa. O aluno terá oportunidade de colocar em prática os procedimentos que envolvem o processo de leitura e poderá tornar-se capaz de tomar decisões com relação à compreensão sem uma mediação direta do professor.
b. LEITURA COLABORATIVA: trata-se de uma estratégia didática, na qual o professor realiza a leitura juntamente com os seus alunos e, durante o processo, propõe questionamentos envolvendo os procedimentos de leitura

utilizados por eles, que atribuem sentido ao texto. É uma forma de estimular o nível de criticidade dos alunos.

c. Leitura em voz alta pelo professor: apesar de representar uma estratégia didática significativa para a formação de leitores, ela não é muito comum nas aulas de Língua Portuguesa, principalmente nas séries mais avançadas dos ensinos fundamental e médio. O professor geralmente opta por essa alternativa quando os textos são longos e com maior complexidade linguística.
d. Leitura programada: é uma proposição didática que fragmenta capítulos de uma obra, que devem ser dados a grupos de alunos para posterior discussão em sala de aula com a mediação do professor. Durante a socialização, o professor geralmente adiciona informações quanto ao período literário em que a obra representa ou até mesmo do autor.
e. Leitura de escolha pessoal: o foco dessa proposição didática é principalmente o contato com a prática de leitura, ou seja, proporcionar momentos para que o aluno utilize critérios de seleção do gênero a ser lido. A recomendação de um tema de interesse ou autor poderá contribuir para o estabelecimento de suas preferências com relação à leitura.

Com as possibilidades didáticas mencionadas anteriormente nos PCN, concluímos que há uma preocupação desses documentos em orientar os professores no sentido de estimular a diversificação das propostas a serem aplicadas em sala de aula, adotando, assim, uma postura dinâmica e desafiadora perante o processo de formação de leitores. Por meio de um planejamento de progressão linguística, ou seja, primeiramente com uma seleção de textos mais simples, bem como com a diversificação dos gêneros textuais e temáticas multidisciplinares, o professor implementará e aplicará atividades didáticas que garantirão uma aprendizagem efetiva. Inseridos nessa perspectiva, percebemos que os alunos serão capazes não somente de identificar as características dos gêneros textuais, mas de aplicar as estratégias de leitura e elevar o nível de compreensão leitora.

Atividades

1. Com base na leitura do capítulo, podemos definir os PCN como:
   a. orientações didáticas para o ensino da leitura.
   b. parâmetros didáticos que orientam o ensino da leitura em todo território nacional.
   c. conjunto de orientações teórico-metodológicas para a educação básica a ser seguido em todo o território nacional.

d. orientações teórico-metodológicas que assumem o papel de referencial mínimo para a educação básica em todo o território nacional.

2. Assinale com (V) as afirmações verdadeiras e com (F) as falsas, segundo a leitura do capítulo:

( ) O domínio da leitura é apontado como um dos principais objetivos do ensino fundamental, o que torna a escola responsável pela formação de leitores capazes de compreender as questões sociais do mundo contemporâneo.

( ) O conhecimento prévio dos alunos e o interesse por determinadas temáticas e gêneros textuais devem ser priorizados no planejamento do professor de Língua Portuguesa, possibilitando, assim, a leitura somente da preferência dos alunos, despertando, automaticamente, o interesse destes pela leitura.

( ) O acesso aos diferentes gêneros textuais tem como principal objetivo levar o aluno a conhecer as variedades da língua e refletir sobre as questões que suscitam o preconceito linguístico a fim de evitá-lo.

( ) A principal função dos PCN é orientar professores e equipes pedagógicas com relação a um referencial mínimo para a qualificação do sistema educacional nacional.

A sequência correta é:

a. F, V, V, V.
b. V, F, V, V.
c. V, F, V, F.
d. V, V, F, F.

3. Marque a alternativa que apresenta as características dos PCN:

a. Diretrizes específicas/flexibilidade/autonomia.
b. Cidadania/flexibilidade/proposições pedagógicas.
c. Orientações didáticas/uniformidade/garantia de qualidade.
d. Conhecimento prático/disciplinar/autonomia.

4. Como a leitura é entendida à luz dos PCN?

a. Canal de acesso aos diferentes saberes do conhecimento humano.
b. Uma responsabilidade da escola.
c. Codificação da linguagem escrita.
d. Capacidade adquirida por meio da leitura dos diferentes gêneros textuais.

5. Segundo recomendações dos PCN, marque a alternativa que melhor sintetiza as etapas do ensino da leitura na escola. Para isso, o professor deverá:
   a. planejar atividades de leitura tendo como base os aspectos gramaticais que pretende ensinar.
   b. conhecer as preferências de leitura dos alunos, para então propor as leituras.
   c. selecionar textos de diferentes gêneros e temáticas, apresentando-os por meio de diversas propostas didáticas.
   d. propor leituras seguidas de atividades de produção textual, a fim de qualificar o processo de escrita.

(3)

Leitura: implicações conceituais

Vanessa Loureiro Correa é graduada em Letras e mestre em Linguística Aplicada pela Pontifícia Universidade Católica do Rio Grande do Sul (PUCRS).

Leitura é um processo de interação entre o leitor e o texto.
– Isabel Solé (1998, p. 22)

Tarefas que estimulem o aluno a ler fazem parte da vida escolar. No entanto, o que temos visto é uma total falta de compreensão sobre o que é leitura, quais são os seus objetivos e as estratégias que podemos aplicar. Não há como fazer um bom trabalho com os alunos quando o próprio profissional tem um entendimento baseado no senso comum. Ler é muito mais do que decifrar palavras e, por isso, exige um conhecimento sobre tudo que cerca essa prática.

Neste capítulo, serão trabalhados os conceitos de leitura, compreensão e interpretação, contexto, e conheceremos os objetivos que cada tipo de leitura envolve.

(3.1) Conceitos de leitura: uma retomada

O conceito de leitura passa pela compreensão do mundo que nos cerca. Entender o que é leitura e para o que esta serve certamente nos fará melhores professores. Muitos entendem que ler é somente decifrar as palavras, dando sentido a elas. É claro que ler também é isso, mas não se trata somente de uma decifração, uma vez que tal atividade exige uma interação entre leitor e texto. Vamos abordar essas duas formas de entender a leitura, a cognitiva e a interativa, entendendo que as duas não são excludentes, mas sim complementares.

Angela Kleiman (2004, p. 10) conceitua leitura da seguinte forma:

> *a leitura é um ato social, entre dois sujeitos – leitor e autor – que interagem entre si, obedecendo a objetivos e necessidades socialmente determinados. Essa dimensão interacional, que para nós é a mais importante do ato de ler, está pressuposta neste trabalho; não é o foco da discussão, mas é explicitada toda vez que a base textual sobre a qual o leitor se apoia precisa ser elaborada, pois essa base textual é entendida como a materialização de significados e intenções de um dos integrantes à distância via texto escrito.*

Kleiman (2004) dá um sentido mais amplo ao conceito de leitura quando coloca a interação entre as partes do texto como sendo parte desse ato. Ler é, de fato, compreender a mensagem que o autor quis passar. Essa mensagem pode estar na forma escrita, que é a forma que abordaremos aqui, ou nas mais diversas formas de comunicação. A leitura do mundo passa por isso, uma vez que temos de compreender as diferentes mensagens para vivermos de forma adequada na sociedade atual. Isso, no entanto, não exclui o fato de que temos de reconhecer letras, palavras e sentidos; ainda assim, precisamos ir além disso para que haja uma leitura de fato.

Assim como Kleiman, vários são os autores que confirmam essa forma de ver a leitura. Como depende de um entendimento entre leitor e autor, cada texto pode proporcionar diferentes leituras. Bella Josef (1986, p. 35) diz que "[c]ada leitura é nova escrita de um texto. O ato de criação não estaria, assim, na escrita, mas na leitura, o verdadeiro produtor não seria o autor, mas o leitor". Nesse sentido, a leitura vai além do que está escrito, uma vez que busca no leitor o seu conhecimento prévio.

Kleiman (2004) diz que alguns dos conhecimentos prévios são os linguísticos, os textuais e os de conhecimento de mundo. O leitor usa tudo isso para dar sentido ao texto que está lendo. Sobre o conhecimento linguístico, essa autora afirma:

O conhecimento linguístico desempenha um papel central no processamento do texto. Entende-se por processamento aquela atividade pela qual as palavras, unidades discretas, distintas, são agrupadas um unidades ou fatias maiores, também significativas, chamadas constituintes da frase. À medida que as palavras são percebidas, a nossa mente está ativa, ocupada em construir significados, e um dos primeiros passos nessa atividade é o agrupamento em frases (daí essa parte do processamento chamar-se segmentação ou fatiamento) com base no conhecimento gramatical de constituintes: o tipo de conhecimento que determina o artigo precede nome e este se combina com o adjetivo (Art N Adj o homem alto), assim como o verbo com nome (V N comeu ovos) e assim sucessivamente. Este conhecimento permitirá a identificação de categorias (como, por exemplo, sintagma nominal), e das funções desses segmentos ou frases (como sujeito e objeto) identificação esta que permitirá que esse processamento continue, até se chegar, eventualmente, à compreensão. (Kleiman, 2004, p. 14-15)

Além do conhecimento linguístico, Kleiman (2004) ainda cita o conhecimento textual, que deve ser entendido aqui como todas as noções e conceitos que se tem de texto. As diferentes estruturas textuais possibilitam ao leitor diferentes leituras. Não podemos ler da mesma forma um texto narrativo, descritivo ou argumentativo. Cada um desses tipos pede estratégias diferentes, a fim de que se chegue na compreensão e interpretação destes. Logo, é importante que saibamos o que é TEXTO, quais são os tipos e as características de um texto, bem como todos os elementos que fazem de uma sequência de palavras um texto.

Por fim, a autora fala do conhecimento de mundo. Todos os seres humanos, a partir do nascimento, começam a formular o seu entendimento de mundo com base em suas vivências. Por isso, não podemos padronizar as pessoas por faixa etária, classe social, sexo e tantos outros meios de agrupamento, porque dentro de cada grupo teremos realidades diferentes e, para cada uma dessas realidades, experimentações diversas. Kleiman (2004, p. 20-21) assim conceitua conhecimento de mundo:

O chamado conhecimento de mundo abrange desde o domínio que um físico tem sobre sua especialidade até o conhecimento de fatos como "o gato é um mamífero", "Angola está na África", "não se deve guardar fruta verde na geladeira", ou "na consulta médica há uma entrevista antes do exame médico". Para haver compreensão, durante a leitura, aquela parte do nosso conhecimento de mundo que é relevante para a leitura do texto deve estar ativada, isto é, deve estar num nível ciente, e não perdida no fundo de nossa memória.

A fim de que possamos entender a questão interativa, não podemos esquecer de que existe um processo cognitivo que possibilita essa interação. Richard Bamberger (2004) conceitua a leitura com base nos aspectos cognitivos. Segundo o autor, ler é um processo mental que exige muito do nosso cérebro, como segue:

> *A leitura foi outrora simplesmente um meio de receber uma mensagem importante. Hoje em dia, porém, a pesquisa nesse campo definiu o ato de ler, em si mesmo, como um processo mental de vários níveis, que muito contribui para o desenvolvimento do intelecto. O processo de transformar símbolos gráficos em processos intelectuais exige grande atividade do cérebro; durante o processo de armazenagem da leitura coloca-se em funcionamento um número infinito de células cerebrais. A combinação de unidades do pensamento em sentenças e estruturas mais amplas de linguagem constitui, ao mesmo tempo, um processo cognitivo e um processo de linguagem. A contínua repetição desse processo resulta num treinamento cognitivo de qualidade especial. Esse treinamento cognitivo consiste em trazer à mente alguma coisa anteriormente percebida, e em antecipar, tendo por base a compreensão do texto precedente; a repetição aumenta e assegura o esforço intelectual.* (Bamberger, 2004, p. 10)

Bamberger (2004), ao ver a leitura dessa forma, faz com ela se torne uma forma única de aprendizagem. Várias são as habilidades desenvolvidas, bem como são diversas as funções neuroniais trabalhadas no ato de ler. Tudo isso para que a interação entre as duas partes constitutivas do texto – leitor e autor – ocorra tranquilamente. Decodificar letras, palavras e significados faz com que a construção da compreensão se dê formalmente no cérebro.

(3.2) Compreensão e interpretação e suas ocorrências na leitura

Compreender um texto é entender o que nele está escrito verbalmente (pela palavra escrita). Muitos professores tendem a misturar perguntas de compreensão e interpretação, dizendo que elas são iguais. No entanto, quando alguém compreende um texto, esse indivíduo entende os mecanismos linguísticos que dele fazem parte e contribuem para a construção de um texto coerente e coesivo. Segundo Luiz Antônio Marchuschi (2004, p. 51), existem condições que contribuem para a compreensão do texto. São elas:

(1) Condição de base textual

A primeira condição básica para a organização de texto e transmissão de sentidos compreensíveis é a existência de um sistema linguístico de domínio comum e suficiente aos propósitos dos interactantes.

(2) Condição de conhecimentos relevantes partilhados

Para que a base textual seja eficaz em atividades interacionais, exige-se mais do que o simples domínio de regras linguísticas. Isso supõe a necessidade de conhecimentos relevantes partilhados.

(3) Condição de coerência

As condições (1) e (2) só serão significativamente produtivas se o texto for coerente. Como um dos fatores condicionantes necessários à compreensão, a coerência temática (que não deve ser confundida com a coesão superficial) é construída tanto na produção quanto na recepção do texto.

(4) Condição de cooperação

A compreensão se dá como uma atividade interacional em situações concretas e reais de recepção e produção, exigindo contratos e negociações bilaterais que se evidenciam na colaboração mútua que, mesmo quando violada, deve preservar vias de acesso relevantes.

(5) Condição de abertura textual

Na medida em que a compreensão se submete à condição (4), o texto transforma-se numa proposta de sentido com característica de abertura estratégica, ou seja, com n possibilidades interativas dentro de alternativas mutuamente aceitáveis.

(6) Condição de base contextual

A condição (5) cria uma indeterminação que as condições (2) e (4) resolvem apenas parcialmente. Por isso, é necessária outra condição que requer a presença de contextos suficientes situados num tempo e espaço, definidos tanto para a produção como para a recepção.

(7) Condição de determinação tipológica

Se a condição (6) exige contextualização, ainda não determina a qualidade contextual, que só ocorre em se considerando o tipo de texto, pois cada tipo carrega em si condições restritivas específicas, tanto de contextualização como de indeterminação, agindo conjuntamente com as condições (5) e (6).

Essas condições, para que haja compreensão, passam por algumas das condições estabelecidas por Kleiman para que ocorra a leitura. O que Marcuschi faz é dividir os três conhecimentos prévios em sete condições. Podemos, no conhecimento textual, ter as condições (3) e (7); no conhecimento linguístico, a condição (1); e, no conhecimento de mundo, as condições (2), (4), (5) e (6).

No entanto, para que possamos entender o texto, precisamos de seu CONTEXTO, ou seja, que o texto esteja situado no tempo e no espaço. Não podemos exigir que nossos alunos de hoje entendam as músicas feitas no período da ditadura militar, se eles não tiveram aulas sobre o tema. Uma letra como *Apesar de você* (Hollanda, 1970), composta por Chico Buarque, fica totalmente vazia de sentido quando eles não sabem que é o VOCÊ. O contexto ajuda na interpretação, uma vez que não conseguimos entender os implícitos pressupostos no texto sem que a mensagem esteja dentro de uma realidade temporal e factual conhecida do leitor.

Interpretar um texto é ir além do que nele está verbalmente escrito. É entender o que a mensagem quis transmitir nas entrelinhas. A mensagem escrita pode ser totalmente inofensiva para um leitor desatento. Entretanto, basta que se leia nas entrelinhas para que possamos ver a intenção do autor. Vejamos as frases a seguir:

---

1. *Como tu estás linda hoje!*
2. *Que rosto lindo que tu tens!*
3. *Fizeste uma boa conclusão. Andas estudando, hein?*
4. *Obrigada pelo favor! Estás de bom humor hoje?*

Para um ouvinte mais desatento, essas frases poderiam ser vistas como elogios, estando elas na forma escrita ou oral. Basta que olhemos algumas expressões "inofensivas" para que vejamos que a coisa não funciona bem assim. Na frase (1), o advérbio HOJE dá ao entender que nos demais dias a pessoa está feia. O próprio verbo empregado – ESTAR – mostra que é um estado e não um fato a beleza naquela pessoa. Na frase (2), a ressalva de elogiar somente o rosto dá ao entender que o corpo daquela pessoa é feio. A observação ANDAS ESTUDANDO, na frase (3), mostra que a pessoa não é inteligente, pois, para fazer uma boa conclusão, é preciso que ela estude. O verbo ANDAR sugere que o estudo não fazia parte das atividades diárias daquela pessoa. Também a observação ESTÁS DE BOM HUMOR HOJE aponta para o mau humor da pessoa que prestou o favor. Na frase (4), observamos que não é comum ela fazer favores às pessoas que a cercam. O advérbio HOJE mostra que o bom humor não é uma qualidade diária.

Para que se alcance a interpretação, contudo, é preciso que a compreensão tenha se dado por completo. Não podemos entender os implícitos se não entendemos o que está explícito no texto.

(3.3) Objetivos de leitura

Quando lemos um texto, temos diferentes objetivos. Para melhor explicar isso, vamos a alguns trechos de textos, a fim de que possamos visualizar os possíveis objetivos.

Pão doce

1 copo de água morna
2 colheres de chá de sal
6 colheres de sopa de açúcar
1 ½ colher de sopa de margarina
4 colheres de sopa de leite em pó
3 copos de farinha de trigo
2 colheres de chá de fermento seco biológico

Mistura-se os ingredientes na ordem em que aparecem na receita, exceto o fermento seco biológico. Amassa-se a mistura até que a massa fique consistente, acrescenta-se o fermento e deixa a massa descansar por até duas horas. Depois, coloca-se a massa no forno por 40 minutos e o pão está pronto.

Uma receita faz com que tenhamos o objetivo de ler para a execução de uma tarefa. Os passos precisam ser seguidos corretamente, pois – somente assim – a receita dará certo. Está provado que, quando lemos com um objetivo específico, temos mais chances de apreender o que nele está escrito, conforme relata Kleiman (2004). Nosso cérebro decodifica melhor as partes do texto que nos levam àquele objetivo, facilitando, assim, os processos de compreensão e interpretação.

Encontrar objetivos para os mais diferentes textos é natural para leitores experientes. Por exemplo: se o leitor deseja se entreter, busca livros literários; se deseja se informar, textos com a função referencial; se precisa conceituar termos, textos com a função metalinguística, e assim sucessivamente. Sobre isso, diz Kleiman (2004, p. 33):

> *De fato, a forma do texto determina, até certo ponto, os objetivos da leitura: há um grande número de tipo de textos, como romances, contos, fábulas, biografias,*

notícias ou artigos de jornal, artigos científicos, ensaios, editoriais, manuais didáticos, receitas, cartas; parece claro que o objetivo geral ao ler o jornal é diferente daquele quando lemos um artigo científico. Por exemplo, na leitura de um jornal, já na primeira página o leitor faz uso de mecanismos para a apreensão rápida de informação visual dando uma mera passada de olhos, (processo este chamado de "scanning" ou AVISTADA*) geralmente a fim de depreender o tema dos diversos itens a partir das manchetes. Uma vez localizada a notícia de interesse, é provável que o artigo seja lido procurando detalhes sobre o assunto, comparando com o que já se sabe sobre o assunto. Por outro lado, se estamos em dúvida sobre o possível interesse de um artigo, é provável que utilizemos uma pré-leitura seletiva, um processo chamado de "skimming", literalmente,* DESNATAMENTO*, que consiste em ler por exemplo, seletivamente os primeiros ou últimos períodos de parágrafos, as tabelas, ou quaisquer outros itens selecionados pelo leitor, a fim de obter uma ideia geral sobre o tema e subtemas.*

Temos a tendência de procurar as informações que nos interessam da forma descrita anteriormente. Sempre nossos olhos passam ligeiramente pelo texto, para que possamos ver se há ali o que precisamos. Somente quando encontramos o que precisamos é que vamos lê-lo atentamente.

Todos os assuntos aqui tratados são para aprofundar o conhecimento do professor acerca de um tema tão importante: a leitura. Tudo isso será inválido se o educador não for um leitor, pois ensinamos por meio do exemplo.

Atividades

1. As formas de se ver a leitura, neste capítulo, são:
   a. socialistas e informalistas.
   b. visões somente interativas.
   c. visões somente cognitivas.
   d. cognitiva e interativa.

2. Na visão cognitiva, leitura é:
   a. somente uma decifração de letras.
   b. somente uma decifração de palavras.
   c. um processo que estimula o funcionamento de vários níveis mentais.
   d. um processo social.

3. Na visão interativa, leitura é:
   a. um processo que estimula os vários níveis cerebrais.
   b. um processo que precisa da interação entre as partes do texto – leitor e autor.
   c. um processo que independe do leitor.
   d. um processo que independe da mensagem do autor.

4. Compreender um texto é:
   a. entender o que está escrito nele verbalmente.
   b. entender as entrelinhas.
   c. somente decodificar as letras.
   d. somente decodificar as palavras.

5. Interpretar um texto é:
   a. entender o que nele está escrito verbalmente.
   b. somente decodificar as palavras.
   c. somente decodificar os sentidos.
   d. entender os pressupostos e implícitos.

(4)

Alfabetização da leitura e da escrita

O domínio da leitura e da escrita pressupõe o aumento do domínio da linguagem oral, da consciência metalinguística.
– Isabel Solé (1998, p. 50)

Cabe ao professor de Língua Portuguesa dos ensinos fundamental e médio a mais árdua das tarefas: entender as inadequações de português cometidas pelo falante nativo. E essa afirmação é totalmente verdadeira se pararmos para pensar que uma criança mal alfabetizada é a mesma que, no futuro, não conseguirá ler e escrever com fluência, acarretando, dessa forma, prejuízos para o resto de sua vida.

Neste capítulo, iremos retomar os conceitos de alfabetização, assim como faremos uma breve retomada histórica dessa atividade. Além disso, vamos propor uma reflexão acerca do ensino da leitura e da escrita para alunos dos anos iniciais, que refletem na vida do falante. Todo esse trabalho é baseado em grandes estudiosos que, percebendo o caos do ensino brasileiro nas séries iniciais, estão – por meio de pesquisa – propondo novos métodos.

(4.1) O que é alfabetizar?

Geralmente, quando nos perguntamos o que é alfabetizar, ou o que é ser alfabetizado, temos a tendência de responder que consiste em ensinar a ler e a escrever ou saber ler e escrever, respectivamente. No entanto, esse conceito é muito mais amplo e complexo do que realmente temos no senso comum.

O ato de alfabetizar surgiu com a escrita, pois era preciso passar esse sistema para outras gerações, caso contrário, a escrita dos povos acabaria. Ler e escrever são capacidades que permitem às línguas que estas permaneçam vivas, bem como a cultura de um povo. Só podemos usar o português porque sabemos escrever e ler. Muitas línguas de tribos indígenas, por não terem registro escrito, morrem junto com seus falantes, pois não há um estudo de seu sistema linguístico e, consequentemente, como ensinar a futuras gerações.

Os governos de todos os países têm uma preocupação muito grande em ensinar a língua materna em instituições formais de ensino. Não existe um país que não tenha, em sua grade, aulas acerca da língua materna. Essa preocupação se dá porque a língua, devido a vários fatores, varia – principalmente no tempo e no espaço –, tornando difícil a comunicação entre os próprios membros da comunidade linguística. Sendo assim, surge uma necessidade de padronizar a língua e de ensinar esse padrão a todos os falantes. Os governantes estão cientes de que a língua serve como identidade cultural e como representante de um país. É com ela que se fazem negócios e se exprimem valores e sentimentos.

Vamos imaginar que, no Brasil, não tivéssemos aulas de Língua Portuguesa. Como seria a comunicação de um gaúcho com um baiano, por exemplo? Como leríamos livros, negociaríamos, falaríamos entre nós? Tendo em vista o tamanho de nosso território, sem um sistema formal, cada região teria a sua própria língua, com grandes diferenças. Sendo assim, alfabetizar os falantes é de suma importância para a comunidade linguística e para a unidade nacional. O que temos que refletir é como alfabetizar alunos que já possuem, desde os 4 meses de gestação, contato com a língua materna.

Voltando um pouco para a história da alfabetização, Luiz Carlos Cagliari (1998, p. 15) conta:

Na Antiguidade, os alunos alfabetizavam-se aprendendo a ler algo já escrito e depois copiando. Começavam com palavras e depois passavam para textos famosos, que eram estudados exaustivamente. Finalmente, passavam a escrever seus próprios textos. O trabalho de leitura e de cópia era o segredo da alfabetização. Note que essa atividade está diretamente ligada ao trabalho futuro que esses alunos irão desempenhar, escrevendo para a sociedade e a cultura da época.

Muitas pessoas aprendiam a ler sem ir para a escola, já que não pretendiam tornar-se escribas. A curiosidade, certamente, levava muita gente a aprender a ler para lidar com negócios, comércio e até mesmo para ler obras religiosas ou obter informações culturais da época. A alfabetização, nesses casos, dava-se com a transmissão de conhecimentos relativos à escrita de quem os possuía para quem queria aprender. Aprender a decifrar a escrita, ou seja, a ler, relacionando os caracteres às palavras da linguagem oral, devia ser procedimento comum. Aqui não era preciso fazer cópias nem escrever: bastava saber ler. Para quem sabe ler, escrever é algo que vem como consequência.

Pela história da própria alfabetização, saber ler é que faz o aluno saber escrever. No entanto, na Renascença, devido ao grande número de publicações (foi neste período que surgiu a imprensa) e à busca de mais leitores, essa ordem se inverteu, pois foram criadas as cartilhas. Até 1950, elas davam ênfase para a leitura e usavam bons autores para a cópia e, óbvio, a aquisição da escrita. Apenas crianças de classes abastadas, que tinham um nível coloquial quase culto de linguagem, frequentavam a escola. Precisavam mais da leitura do que da escrita, uma vez que a língua que usavam já era a língua padrão. No entanto, a partir dos anos 1950, no mundo inteiro ocorreu o ingresso de alunos pobres nas salas de aula, fazendo com que a cartilha tivesse de ser mudada radicalmente. A leitura foi deixada em segundo plano, enquanto a escrita passou a ser o foco. O ensino da escrita passa por níveis que vão de um grau menor de dificuldade até o grau maior– o nome das letras é ensinado, depois pequenas combinações silábicas do português. Em seguida, passa-se à formação de palavras e, depois, aos textos. Essa metodologia ainda perdura nos dias de hoje.

Não há dúvidas de que as cartilhas possuíam métodos estéreis, porque não levavam em conta a realidade do aluno ou o seu desenvolvimento. Se pararmos para refletir mais profundamente, nossos livros didáticos são cartilhas com conteúdos mais avançados: não há unidade temática, os textos são inadequados para a faixa etária, sem contar que os exercícios e ensino de conteúdos são descontextualizados dos textos usados na unidade ou no capítulo, além de serem extremamente tradicionais.

É preciso que o professor ensine para a vida, para a aplicação efetiva da língua na comunicação diária. É muito comum encontrarmos alunos, falantes de língua portuguesa, que acreditam ser impossível aprender a língua materna, outros chegam a odiá-la e alguns falantes até preferem estudar uma língua estrangeira no lugar da própria língua. Essa postura, sem dúvida, vem da escola.

Com essa situação, o professor tende a mostrar que sabe mais do que o aluno, que este não sabe a língua, que tem de ficar quieto para aprender e passar de ano e, somado a tudo isso, temos ainda a busca pela melhora do ensino, principalmente depois de avaliações nacionais ou de levantamentos a respeito da aprovação e reprovação escolar. Com isso, novas tendências entram nas escolas de forma arbitrária e sem uma preparação do professor. Ora este tem de ser a fonte da informação, ora tem de ser o intermediário no processo de ensino e aprendizagem. O ideal, segundo Cagliari (1998, p. 40), é o meio-termo para as duas abordagens:

> *A educação não pode viver só de ensino, caso em que o professor vem para a sala de aula e despeja em seus alunos um longo discurso a respeito de um determinado ponto, como também não pode viver só da aprendizagem, deixando os alunos descobrirem tudo por si mesmos e livres para fazer o que bem entenderem. Deve haver um equilíbrio entre os dois tipos de atividade: o professor deve ensinar, caso contrário, as escolas não precisariam existir, pois cada uma aprenderia por iniciativa própria. Por outro lado, o professor não pode ser o dono da educação, aquele que tem tudo sob o seu comando. É preciso também que haja uma grande participação do aprendiz, porque afinal de contas é ele quem precisa aprender e mostrar que aprendeu e, sobretudo, saber que aprendeu. O aluno só pode ter certeza de que de fato aprendeu algo, quando, por iniciativa própria, conseguir utilizar adequadamente os conhecimentos que são objeto de seu processo de aprendizagem.*

Toda essa preocupação com a metodologia se dá porque é na mais tenra idade que o ser humano está disposto a aprender. A escolha de um método inadequado pode resultar em sequelas definitivas para a criança. Também temos de repensar o foco nos anos iniciais, pois este está centrado na escrita e não na leitura. Se pararmos para olhar as nossas escolas, toda e qualquer forma que fuja da escrita não vale nota, isto é, não é avaliada. Há alguns anos, o aluno realizava prova escrita e oral sobre o conteúdo. Analisando por esse prisma, a fala, assim como a leitura, encontra-se completamente abandonada na sala de aula. No entanto, o falante de uma língua precisa falar, ler e escrever bem para poder comunicar-se com os outros falantes. Todos os estudiosos sobre alfabetização, que levam em conta a aquisição da escrita e da leitura, afirmam que ler precede a escrita, como expõe Mary Kato (1999, p. 7-8):

A prática em grande número de nossas escolas de privilegiar as atividades de escrita parece fazer supor que à produção segue-se automaticamente a recepção. Em outras palavras, se o professor ensinar o aluno a escrever, o aluno aprenderá automaticamente a ler. Contudo, o exemplo dado por Ferreiro e outros tantos de que temos conhecimento mostram (sic) que a leitura pode se adquirida independentemente da escrita. Temos ainda o caso de proficientes leitores de uma língua estrangeira que nada escrevem nessa língua, quando o inverso parece impossível. Não quero dizer com isso que a prática de produção não possa intervir favoravelmente na capacidade de recepção, principalmente levando-se em conta que o ato de escrever exige menos automatização e mais reflexão metalinguística. Na verdade, uma vez iniciado o processo de aquisição da leitura e da escrita, parece haver uma interferência recíproca, de forma que quanto mais se lê melhor se escreve, e quanto mais se escreve melhor se lê.

É impressionante como há sempre uma luta entre as habilidades na escola. O falante ganharia em conhecimento se todas elas fossem valorizadas de forma igual e trabalhadas concomitantemente; somente assim teríamos uma verdadeira reflexão metalinguística dos aspectos da língua portuguesa. O professor poderia partir de uma alfabetização cidadã, que prepararia o aluno para atuar, linguisticamente, na sociedade em que vive. Uma boa opção é mostrar aos alunos que nossa mensagem sempre tem uma função, pois sempre desejamos atingir a um objetivo em relação aos elementos da comunicação. Seguem as funções da linguagem:

Quadro 4.1 – Funções da linguagem

Função	Conceito
Referencial	Tem o objetivo de informar, apontando para o sentido real das palavras, evitando o sentido figurativo. É encontrada em revistas, jornais, artigos e livros teóricos. Exemplo: *A mudança climática tem causado desastres em todas as partes do planeta.*
Conativa	Tem como objetivo convencer o receptor a fazer algo. Usa linguagem figurada e tem a presença do verbo no imperativo. É encontrada na propaganda, em textos que exprimem ordens, sugestões, conselhos. Exemplo: *Vá para casa, agora!*

(continua)

(*Quadro 4.1 - conclusão*)

Função	Conceito
Fática	Tem como objetivo testar o canal comunicativo. Serve para iniciar, continuar ou terminar uma conversa. Exemplo: *Olá, vamos conversar?*
Poética	Tem como objetivo transmitir uma mensagem de forma clara e harmônica. Faz uso de rima e métrica para a ideia torne-se atraente. É encontrada em poesias e letras de músicas. Exemplo: *Se se morre de amor! – Não, não se morre,* *Quando é fascinação que nos surpreende* *De ruído sarau entre os festejos;* *Quando luzes, calor, orquestra e flores* *Assomos de prazer nos raiam n'alma,* *Que embelezada e solta em tal ambiente* *No que ouve e no que vê prazer alcança.* *Gonçalves Dias*
Emotiva	Tem como objetivo transmitir as emoções do emissor. Tem a marca da primeira pessoa. Exemplo: *Eu gosto de você!*
Metalinguística	É a função que tem a língua falando da própria língua, ou seja, palavras conhecidas da língua portuguesa são usadas para explicar palavras desconhecidas. É encontrada em conceito e definições. Exemplo: *Casa é uma construção que serve para seres humanos morarem.*

Fonte: Adaptado de Jakobson, 1970.

Essas funções estão presentes tanto na escrita quanto na fala e na leitura. Sempre que desejamos trabalhar com uma delas, temos de partir de um texto que tenha a função desejada de forma predominante. Por exemplo: para trabalhar a função conativa, as leituras precisam ser direcionadas a textos publicitários, isto é, propagandas, para que o aluno perceba a intenção do emissor de influenciar o receptor. Somente depois da leitura e análise de um bom número de propagandas e que o educando poderá produzir um texto desse tipo.

Nossas leituras, seja qual for o nível, devem sempre conciliar informações novas com informações velhas, para que o aluno possa adquirir novos signos linguísticos. É sempre importante que novas palavras e ideias sejam inseridas no conhecimento do falante. Isso só pode ser feito por meio do texto (oral ou escrito) em sala de aula ou no ambiente em que vivem. Porém, se passarmos a fornecer somente signos novos sem a base de um signo velho, a criança logo perde o interesse e desiste de construir novos conceitos. O mesmo acontece com qualquer falante, de qualquer idade. Um adulto, quando ingressa em um curso universitário, não consegue ler livros teóricos complexos porque não tem todos os signos linguísticos técnicos de sua área. É por isso que as primeiras disciplinas são de cunho teórico, uma vez que a prática de qualquer área pressupõe o conhecimento de teorias e termos técnicos.

Muitos estudos comprovam que a criança só poderá ser alfabetizada quando ela tiver uma representação psicológica para cada som da língua, em outras palavras, quando associar representação gráfica com som. Muitos alunos, devido ao ambiente em que vivem, já chegam à escola com essa consciência. Em casa, a criança, quando estimulada por histórias e outros materiais escritos, já consegue distinguir e relacionar sons e letras. Contudo, há crianças que não possuem essa capacidade, passando a ser tarefa do professor ajudá-las nessa construção.

Temos ainda questões sociolinguísticas que devem ser levadas em conta no processo de alfabetização. Sobre isso, fala Kato (1999, p. 14):

> *Reflexões de ordem sociolinguística fazem-se necessárias nesse ponto. As diferenças dialetais passam a construir um sério problema enquanto a criança não descobrir que a relação entre fala e escrita não é direta*[a]*, isto é, que a escrita não é uma transcrição fonética da fala e que o registro escrito exige um planejamento mais cuidadoso a nível de unidades maiores do discurso. Crianças que têm o privilégio de ter o contato com a língua escrita antes de irem para a escola, através da leitura que lhes é feita pelo adulto, já têm consciência pelo menos dos aspectos discursivos que diferenciam a fala da escrita. Duas crianças podem estar na mesma fase cognitiva, mas uma poderá enfrentar mais dificuldades que a outra se não tiver tido a estimulação ambiental de que falamos ou se entre o seu dialeto e a forma ortográfica e o dialeto prestigiado pela escola houver uma maior distância.*

a. *Vide* discussão mais detalhada desse aspecto em Abaurre (1983) e Lemle (1978). (nota do original).

Na citação anteriormente exposta, temos a questão do dialeto da criança e o dialeto prestigiado. No Brasil, como em qualquer outro país do mundo, temos classes econômica e culturalmente dominantes. O nível de linguagem dessas classes é, na maioria das vezes, considerado o correto e, por isso, ensinado em sala de aula. Sem dominar esse nível prestigiado, o falante terá dificuldades de ascensão profissional e social. Logo, as escolas entram em um processo de ensinar somente esse nível, sem levar em conta o conhecimento que a criança traz de casa. Vamos retomar os níveis de linguagem que temos em português:

Quadro 4.2 – Níveis de linguagem

Nível	Conceito
Culto	É a linguagem que respeita todas as normas gramaticais. É usado na escrita e em ocasiões formais. Exemplo: *O assunto é entre mim e ti.*
Coloquial	É a linguagem que possui pequenos erros gramaticais, aceitáveis no uso diário. Exemplo: *O assunto é entre eu e tu.*
Inculto	É a linguagem que tem graves inadequações gramaticais. Exemplo: *Andemu muito, mais nóis não desísti.*
Regional	É a linguagem própria das regiões. Exemplo: Todos os finais de semana, nós fazemos rancho[1] e adoramos comer, depois disso, cacetinho[2] com mistura de goiaba[3].
Grupal	É a linguagem própria dos grupos. Divide-se em: Gíria: própria de tribos e grupos sociais. Exemplo: E aí, manu, o alemão tá fora da casinha. Técnica: própria das áreas de estudo. Exemplo: O juiz deferiu um *habeas corpus* para o réu.

Fonte: Adaptado de Martins e Zilbernop, 2009.
Notas: 1. Fazer rancho: fazer compra de mantimentos para o mês.
2. Cacetinho: pão francês. 3. Mistura de goiaba: doce feito com goiaba.

O papel do professor é ensinar, sim, o dialeto privilegiado, mas partindo sempre do conhecimento do aprendiz. Além disso, alfabetizar é levar em conta também a predisposição da criança em querer aprender. As crianças são diferentes entre si por vários motivos, logo, não podemos esperar que tenham os mesmos desejos e que aprendam no mesmo nível. Quantas vezes presenciamos a existência de alunos que estão alfabetizados aos 5 anos e de outros que, aos 9 anos, ainda não passaram dessa etapa? Temos de encontrar caminhos para despertar o interesse, é claro, mas a vontade tem de partir do aluno.

Existe uma questão importante na alfabetização, tendo em vista todas as diferenças que já vimos até agora: a metodologia. Cagliari (1998, p. 108) tem um posicionamento bastante interessante com respeito a esse tema.

> *O melhor método de trabalho para um professor deve vir de sua experiência, baseada em conhecimentos sólidos e profundos da matéria que leciona. O fato de não ter um método preestabelecido não significa que o ensino seguirá navegando à deriva. O professor terá sempre as rédeas nas mãos, porque, afinal de contas, ele é um educador e não um simples observador. O fato de não se ter um método rígido para alfabetizar não significa, tampouco, que o trabalho escolar será feito sem método algum. Quando o professor é um bom conhecedor da matéria que leciona, ele tem um jeito particular de ensinar, assim como os alunos têm seus próprios jeitos de aprender. Essa heterogeneidade, em vez de atrapalhar, é fundamental em todo processo educativo.*

O professor tem de ter consciência de seu papel profissional. Como diz Cagliari (1998), quem manda no trabalho de alfabetização é o professor e não outras pessoas e órgãos que não estão em sala de aula para saber o que se passa. O que estamos vendo hoje é uma lista de chefes a quem o professor tem de responder: primeiro é o MEC, depois as secretarias de educação, em seguida os departamentos pedagógicos da escola e, finalmente, diretores e pais. Todos cobram resultados e dão opiniões de como deve ser o trabalho. Em escolas particulares, a situação fica bem pior, pois, em certos casos, chegam a determinar o que e como o professor deve ensinar.

O bom professor não ensina questões complexas da língua no período de alfabetização. As crianças aprendem a ler e escrever com poucas regras, as mais simples possíveis. Cagliari (1998, p. 158-159), mais uma vez, propõe um roteiro para apresentar às crianças no início da alfabetização:

> *Quando se vai ler:*
>
> 1. *Usamos o nome das letras para saber que som a letram tem: a letra A tem o nome de* A *e o som de "a". A letra C tem o nome de* CÊ *e o som de "cê".*
> 2. *Uma letra pode ter mais de um som, representando sons diferentes. A classe vai aprender isso aos poucos. Por enquanto, é só não estranhar se isso não acontecer.*
> 3. *A letra A também tem o som de "ã".*
> 4. *A letra C tem o som de "çê" somente quando vier antes das letras I e E. Nos demais casos (diante do A, O, U, R, L ou de qualquer outra consoante), terá o som de "kê".*

Quando se vai escrever:

1. *Em primeiro lugar é preciso descobrir a palavra, isolando-a da frase.*
2. *Depois, é preciso saber a ordem das sílabas na palavra.*
3. *É preciso descobrir as vogais e consoantes que formam as sílabas e em que ordem.*
4. *Para cada segmento (vogal/consoante), é necessário escrever uma letra, partindo dos conhecimentos adquiridos, no caso da leitura.*
5. *Ficar atento aos problemas causados pela variação linguística: quem é falante do dialeto padrão tem um tipo de dificuldade e quem é falante de outros dialetos tem outro tipo de dificuldade.*
6. *Checar o que se escreveu com a forma gráfica das palavras de acordo com o estabelecido pela ortografia, ou seja, aprender a ter dúvidas ortográficas inteligentes.*
7. *Resolver as dúvidas ortográficas, perguntando a quem sabe ou olhando no dicionário.*

Com essas primeiras reflexões sobre a língua, o aluno já está preparado para começar a ler e a escrever. Esse é o caminho mais importante dentro do ensino de uma língua: refletir sobre ela, sem se preocupar em ditar o que é certo ou errado. Também é importante mostrar aos alunos que temos várias línguas portuguesas dentro da língua portuguesa, uma vez que esta varia, assim como provar que não existe uma forma mais bonita e mais importante do que outra, mas que todas, dentro do processo comunicativo, são importantes.

Também devemos trabalhar os níveis de linguagem, apontando para a importância de saber usar o nível adequado para o texto e contexto adequados, pois a língua, assim como a roupa, tem de ser apropriada para a ocasião – assim como não podemos usar roupa de banho na escola, não podemos usar gírias em momentos formais.

Atividades

1. Na alfabetização, deve-se:
   a. somente ensinar a escrever.
   b. somente ensinar a ler.
   c. primeiro ensinar a ler e depois a escrever.
   d. primeiro ensinar a escrever e depois a ler.

2. O bom professor é aquele:
   a. que não usa a cartilha, pois o método é impróprio para a alfabetização.
   b. que usa a cartilha, pois ela é completa.
   c. que faz os alunos memorizarem o método bá-bé-bi-bó-bu.
   d. que ensina a escrever antes de ler.

3. Para Cagliari (1998), o professor deve:
   a. ser o centro do conhecimento.
   b. ensinar sem ser o centro do conhecimento.
   c. deixar o aluno construir o seu conhecimento sozinho.
   d. chamar um assistente para dar aulas em parceria.

4. A função referencial é aquela que tem por objetivo:
   a. expressar as emoções do emissor.
   b. testar o canal.
   c. influenciar o receptor.
   d. informar, usando o sentido real das palavras.

5. No nível de linguagem coloquial, emprega-se uma linguagem:
   a. própria das áreas de estudo.
   b. própria de tribos e grupos sociais.
   c. com pequenos erros gramaticais, aceitáveis na comunidade linguística.
   d. com inadequações gramaticais graves.

(5)

A aquisição da escrita e da leitura

A aprendizagem da leitura é inseparável da formação do pensamento e do desenvolvimento do espírito crítico.
– Gaston Mialaret (1997, p. 18)

Cabe ao professor de Língua Portuguesa uma tarefa de suma importância: entender como se dá o ensino da leitura e escritura para o falante. No entanto, para que o profissional chegue a esse estágio, é preciso que conceitos como texto, contexto, escrita e leitura estejam claros. Neste capítulo, trataremos desses temas, a fim de colaborar para um ensino integrado dos sistemas linguísticos.

(5.1) Texto e contexto: algumas abordagens

Muitas vezes, o falante nativo acredita que a palavra *texto* se refira somente aos textos escritos. No entanto, as nossas falas orais também são consideradas textos. Sabendo disso, já temos um bom caminho andado para o ensino de língua portuguesa nos anos iniciais. Segundo Infante (1991, p. 18),

> *a palavra texto provém do latim* TEXTUM, *que significa tecido, entrelaçamento [...]. O texto resulta de um trabalho de tecer, de entrelaçar várias partes menores a fim de obter um todo inter-relacionado. Daí poder falar em textura ou tessitura de um texto: é uma rede de relações que garantem sua coesão, sua unidade.* [grifo nosso]

Se partimos do conceito anterior, tudo que produzimos linguisticamente, desde que dentro das regras da nossa língua, é texto. Mesmo a arte, por meio da escultura, da pintura e da música, não deixa de ser um texto. Temos a tendência de acreditar que somente textos longos são textos, o que não é verdade. Uma palavra é um texto, desde que ela comunique, ou seja, passe uma mensagem e que esta seja compreendida. Podemos ter um texto de uma palavra ou de um número infinito de palavras; isso, de fato, não importa, desde que ele seja um enunciado pertinente em nossa língua, pois, conforme Siegfried Schimidt e Ernest Schurmann (1978, p. 34):

> *Entende-se por texto todo o componente verbalmente enunciado de um ato de comunicação pertinente a um jogo de atuação comunicativa, caracterizado por uma orientação temática e cumprindo uma função comunicativa identificável, isto é, realizando um potencial elocutório determinado.*

Se abordarmos a linha de Bakhtin (2003), por exemplo, vamos ver que a concepção de texto está no que se constrói com base nele e que esse sentido não está nele próprio. Essa construção de sentido é chamada de *textualidade*, e é feita por meio da coesão e da coerência. Como *coesão* devemos entender todos os recursos linguísticos que ligam as partes de um texto, dando a unidade semântica e textual. Já a coerência ocorre por meio de diversos fatores, uma vez que ela é a ligação entre as ideias do texto. Dizem Ingedore Koch e Luiz Carlos Travaglia (1990, p. 66) a respeito da coerência:

> *A coerência [...] longe de construir mera qualidade ou prioridade do texto, é resultado de uma construção feita pelos interlocutores, numa situação de simulação dada, pela atuação conjunta de uma série de fatores de ordem cognitiva, situacional, sociocultural e interacional.*

Para que o texto seja entendido, é preciso que alguns fatores sejam levados em conta no momento de sua construção e leitura. São eles:

a. Conhecimento de mundo

É um conhecimento muito particular, pois é adquirido ao longo da existência do falante. Esse conhecimento se dá pela vivência, pela troca de informações e emoções com o meio. Há vários tipos e modelos, sendo os mais conhecidos:

- *Frames* – conjunto de conhecimentos guardados na memória sob um certo "rótulo". Não há uma ordenação entre eles.
  Exemplo: *vestuário – calça, blusa, camisa, jaqueta, casaco, colete etc.*
- Esquemas – conjunto de conhecimentos guardados na memória em sequência temporal ou causal.
  Exemplo: *todas as rotinas.*
- Planos – conjunto de conhecimentos sobre a maneira de agir, a fim de alcançar determinadas metas.
  Exemplo: *plano de ensino, plano de aula, plano governamental.*
- *Scripts* – conjunto de conhecimentos sobre o modo padrão de agir em uma sociedade.
  Exemplo: *vestuário, língua, boas maneiras.*
- Superestruturas ou esquemas textuais – conjunto de conhecimentos que dizem respeito à diversidade textual.
  Exemplo: *narração, descrição, dissertação, resenha.*

b. Elementos linguísticos

As palavras do texto, bem como sua estrutura, têm de estar de acordo com o tipo textual e assunto em questão. Não podemos misturar palavras que se referem a temas diferentes. A observância desse fator ajuda nossos alunos na construção de novos vocábulos.

Exemplo: *O casamento estava bonito. A noiva usava um vestido maravilhoso, bem como a aia e o pajem.*

c. Inferência

Quando lemos um texto, nem tudo está escrito nele. Temos de fazer algumas inferências para que ele possa ser compreendido, ou seja, ler o que não está escrito, mas que está implícito. A inferência exige muito conhecimento do receptor, além, é claro, de muita atenção no momento da recepção textual.

Exemplo: *No momento que está dito ou escrito que Maria emagreceu, devemos inferir que ela tinha problemas com o peso, mesmo que isso não esteja escrito.*

d. Conhecimento compartilhado

O emissor e o receptor devem ter um conhecimento em comum para que haja compreensão da mensagem. Não podemos escolher autores que não sejam da nossa área, que falem de assuntos totalmente desconhecidos para lermos. Ainda que o texto seja uma novidade para o leitor, como é o caso deste livro para os alunos, há informações que são comuns ao escritor e àquele que está lendo. Somente assim haverá comunicação textual.

O contexto é um elemento que ajuda os elementos do processo comunicativo a se entenderem melhor, uma vez que ele situa o texto no tempo e no espaço da situação que está presente na mensagem. São fatores que colaboram com o contexto:

- SITUACIONALIDADE: o texto deve ser e estar adequado à situação na qual será lido. Não podemos escolher um nível de linguagem impróprio à situação em que ocorre o contexto comunicativo. Vamos imaginar alguém chegando em uma praia, no meio de pessoas jovens, utilizando um nível de linguagem culto para se comunicar. Certamente, nesse momento, haveria uma inadequação situacional, e o texto não seria compreendido na sua totalidade. No caso da sala de aula, temos de considerar a faixa etária de nossos alunos quando formos falar com eles ou fornecer textos para leitura. Muitas vezes, nossos alunos perdem o interesse na leitura e na escrita porque o texto dado a eles não está adequado àquela situação.
- INFORMATIVIDADE: é muito difícil ler um texto que traz várias informações novas, da mesma forma que é muito pouco interessante ler um texto que tem somente informações que já sabemos. Para haver interesse no texto, é preciso que combinemos o número de informações novas com o número de informações velhas, a fim de que novos conhecimentos sejam agregados de uma forma mais agradável e compreensível. O mesmo deve ocorrer em sala de aula, quando estamos dando um conteúdo novo. Podemos ensinar novos signos linguísticos por meio de outros por eles já conhecidos, da mesma forma que fazem os dicionários, por exemplo. O bom professor parte do que o aluno sabe para acrescentar novas informações. Somente assim haverá, de fato, aprendizagem.
- FOCALIZAÇÃO: um bom texto tem de ter um foco, um objetivo claro e um assunto explícito. No mundo de hoje, textos longos e desfocados são de difícil leitura uma vez que o leitor ou ouvinte tem cada vez menos tempo para decodificar a informação. Logo, todos os textos podem e devem aprofundar temas específicos, de forma clara, concisa e harmônica.

- Intertextualidade: já falamos em intertextualidade quando mencionamos Bakhtin (2003). Como já foi dito, nossos textos são releituras de textos já lidos ou ouvidos por nós. Existem casos explícitos de intertextualidade, como a música *Monte Castelo*, do Legião Urbana (Russo, 1985), que faz uma clara referência às passagens de São Paulo aos Coríntios (Bíblia, 1982), mesclada ainda com um soneto de Camões (1971). É óbvio que a compreensão da música torna-se muito melhor quando já conhecemos os textos nos quais ela foi baseada.
- Intencionalidade e aceitabilidade: precisa haver entre o escritor e o leitor, ou entre o emissor e receptor, uma aceitabilidade da intenção do produtor do texto, a fim de que o receptor possa perceber essa intenção e, dessa forma, compreender o texto como um todo.
- Consistência e relevância: não lemos ou ouvimos textos que não sejam relevantes para nossas vidas, porém, para que haja relevância, é necessário que os dados ali presentes sejam consistentes e verdadeiros. Ninguém perde tempo lendo um texto que traz informações erradas, porque isso não terá importância no conhecimento do falante (Koch; Travaglia, 1990).

A seguir, passaremos para a aquisição da escrita pelo falante nativo.

(5.2) Aquisição da escrita

É muito relevante que tenhamos consciência de que a criança não tem seu primeiro contato com a escrita somente na escola. O mundo é todo registrado pela escrita, seja no jornal que os pais leem, seja no livrinho que a mãe conta a história, seja na propaganda que ela vê na televisão ou no *outdoor*. O que fazemos na escola é organizar esse conhecimento que ela já tem de uma maneira formal. Segundo Emilia Ferreiro et al. (1982), existem quatro estágios pelos quais as crianças passam antes de chegar à escrita, sendo eles: pré-silábico, silábico, silábico-alfabético e alfabético.

Contini Júnior, citado por Kato (2002, p. 55), explica cada um deles da seguinte forma: "No nível pré-silábico encontram-se escritas que não apresentam nenhum tipo de correspondência sonora, isto é, não fazem a correspondência entre grafia e som. A construção gráfica de uma palavra é realizada por outros tipos de considerações."

O nível silábico se evidencia quando a criança "compreende que as diferenças de representações escritas se relacionam com as diferenças na pauta sonora das palavras" (Kato, 2002, p. 55). Nesse nível, a criança procura efetuar uma correspondência entre grafia e sílaba – geralmente uma grafia para cada sílaba – o que não exclui alguns casos problemáticos derivados de exigências de quantidade mínima de letras.

Caracterizando o nível SILÁBICO-ALFABÉTICO, "neste nível coexistem duas formas de fazer corresponder sons e grafias: a silábica e a alfabética" (Kato, 2002, p. 55). A sistematicidade da tarefa executada pela criança se dá no sentido de que cada grafia corresponde a um som. No entanto, existe a possibilidade de falhas, mas "o critério de quantidade mínima – que afeta marcadamente as produções no nível silábico – é compensado nesse contexto pela análise fonética (que permite agregar letras sem apartar-se da correspondência sonora)" (Kato, 2002, p. 55).

Como podemos ver, essa é uma classificação híbrida, porque algumas grafias representam sílabas, e outras, fonemas. Elas "representam o passo intermediário entre dois sistemas de escrita" (Kato, 2002, p. 55).

No nível ALFABÉTICO, a escrita é organizada com base na correspondência entre grafias e fonemas. Para Ferreiro et al., citada por Contini Júnior em Kato (2002, p. 55), esse nível "é aquele em que desaparece a análise silábica na construção da escrita".

Todas essas fases se tornam presentes na aquisição da escrita. Quando a criança faz riscos, dizendo que está escrevendo uma palavra, é claro que, para ela, isso acontece, mas, para nós, são riscos que não fazem sentido, uma vez que não possuem correspondência gráfica com o alfabeto. Em seguida, ela passa a associar uma grafia para cada sílaba, mas ainda sem associar o som à letra. Já no nível silábico-alfabético, ela consegue associar som e letra, pois já percebe as correspondências; contudo, ainda persiste, em alguns casos, a observância na sílaba. É somente na fase alfabética que ela abandona a relação silábica e começa a fazer relações entre som e grafia.

Não devemos ser tão rigorosos na questão ortográfica nos primeiros momentos da aquisição da escrita, porque a criança, e até mesmo o adulto, tem dificuldades de assimilar que uma mesma letra representa diferentes sons, como mostra os exemplos a seguir:

---

sala - /ˊsala/
ação - /asâw/
assento - /a'sentu/
exceção - /e'sesâw/

A língua portuguesa tem seu próprio arranjo silábico; logo, as letras não podem ser colocadas de qualquer forma no papel. De certa forma, nosso aluno percebe isso, pois já possui a linguagem oral. Porém, ele precisa saber que não pode escrever certas sequências silábicas, uma vez que elas não pertencem à língua. Existem 17 regras para que possamos decifrar a escrita, segundo Cagliari (1998), que estão relacionadas a seguir:

I. Conhecer a língua na qual foram escritas as palavras

Devemos sempre estar dispostos a mostrar ao nosso aluno que as palavras estão escritas em uma língua que ele conhece. Caso contrário, ele desanima e não possuirá vontade de aprender.

II. Conhecer o sistema de escrita

A criança precisa diferenciar um desenho de uma letra, uma vez que a segunda é a forma gráfica da manifestação verbal.

III. Conhecer o alfabeto

O alfabeto da língua portuguesa tem como base o latino. Cada letra tem um nome e serve para representar, pelo menos, um som existente na nossa língua.

IV. Conhecer as letras

Cagliari (1998, p. 121) define letra da seguinte forma: "As letras são unidades do alfabeto que representam os sons vocálicos ou consonantais que constituem as palavras. Variam na forma gráfica e no valor funcional. As variações gráficas seguem padrões estéticos, mas são também controladas pelo valor funcional que as letras têm".

V. Conhecer a categorização gráfica das letras

No mundo, existem vários alfabetos, com várias letras. Cada uma delas pode ter uma representação gráfica diferente, mas quando ela é a mesma, exerce a mesma função na sequência de palavras, independentemente do alfabeto.

VI. Conhecer a categorização funcional das letras

Diz Cagliari (1998, p. 121):

> *Apesar de variarem graficamente, as letras – como unidades abstratas do alfabeto – têm valores funcionais fixados pela história das letras, pelo processo de adaptação a uma determinada língua e, principalmente, pela ortografia das palavras. Portanto, não se pode escrever qualquer letra em qualquer posição numa palavra. Se as letras não tivesses esses valores, poderíamos, por exemplo, escrever CASA com as letras APXP (onde A= C, P = A, X = S), ou mesmo MRIT, desde que houvesse uma convenção que permitisse isso.*

Sem conhecer a categorização funcional das letras, certamente seria impossível, para o falante nativo, ler e escrever qualquer texto.

VII. Conhecer a ortografia

A ortografia controla a categorização gráfica e funcional, além de ajudar a entender as relações entre letras e sons e entre fala e escrita.

VIII. Conhecer o princípio acrofônico

Cagliari (1998, p. 124) define o princípio acrofônico da seguinte forma:

> *O princípio acrofônico na verdade é um conjunto de regras que usamos para decifrar os valores sonoros das letras. Num primeiro momento, atribuímos a cada letra o som que é dado pelo seu nome. Depois, somamos os sons para descobrir que a palavra está escrita. Nesse momento, são feitos os arranjos necessários a respeito dos valores sonoros das letras em função da história das palavras, da ortografia e do dialeto que o leitor conhece.*

Na verdade, o princípio acrofônico faz parte do falante, uma vez que ele adquire a sonoridade naturalmente. O reconhecimento dos valores sonoros das letras é a parte formalizada no ensino da língua materna.

IX. Conhecer o nome das letras

Conhecer o nome das letras, mesmo as menos comuns, ajuda a entender que o princípio acrofônico não está presente em todas as letras de nossa língua.

X. Conhecer as relações entre letras e sons (princípios de leitura)

O falante precisa conhecer o som de uma letra, saber relacioná-la com o nome dela e em que contextos ela ocorre para que possa entender as regras ortográficas.

XI. Conhecer as relações entre sons e letras (princípios de escrita)

Existem dois caminhos claros para que se estabeleça as relações entre sons e letras. A primeira é partir da norma culta para a fala, sendo, então, um caminho fácil. O falante fala ANÉU, mas, ao escrever, sabe que o L é colocado ao final da palavra. O outro caminho, mais difícil, é partir da fala para a escrita. Neste, o falante tem de saber as regras de ortografia.

XII. Conhecer a ordem das letras na escrita

Devemos mostrar ao nosso aluno que existe uma ordem na escrita da esquerda para direita – para que ele não escreva de forma espelhada, ou seja, na ordem inversa.

XIII. Conhecer a linearidade da fala e da escrita

Afirma Cagliari (1998, p. 128) sobre a linearidade:

> *Representamos as vogais e as consoantes sem outras especificações. Depois, colocamos alguns sinais de pontuação no final das frases, embora se deva modular a frase de maneira apropriada desde o início. Escrevemos uma vogal e depois a modificamos colocando um til ou um acento. As pausas da fala nem sempre têm correspondência fixa com as pausas ou sinais de pausa (vírgulas, pontos) da escrita. A segmentação de palavras na escrita, indicada pelo espaço em branco, corresponde ainda menos a pausas ou segmentações na fala. Isso tudo mostra que a fala e a escrita têm muitas diferenças e que não há uma correspondência direta entre o que se escreve e o que a escrita representa da fala. A escrita simplesmente dá indicações que permitem a leitura. Cabe ao leitor, como conhecedor da língua, tirar do texto as informações necessárias para reconstruir a linguagem oral na leitura, como se ele fosse ler fosse o que estivesse dizendo por iniciativa pessoal.*

Todo o texto é linear na sua forma. Pontuamos, acentuamos e organizamos as frases para que elas, de fato, constituam um texto. Esse processo, também quando usamos a fala, é natural no falante nativo.

XIV. Reconhecer uma palavra

Cabe ao falante reconhecer quando uma sequência de letras é uma palavra de uma língua e quando não é. Por exemplo: CASA é uma palavra; PXPY, no entanto, não é uma palavra de nossa língua. A criança geralmente consegue reconhecer as palavras.

XV. Nem tudo o que se escreve são letras

Temos de mostrar ao nosso aluno que os sinais de pontuação e acentuação não são letras, embora façam parte do sistema da escrita.

XVI. Nem tudo o que consta na fala tem representação na escrita

A fala tem vários recursos a mais do que a escrita. Podemos usar gestos, entonações, sinais e outras possibilidades para comunicar a nossa mensagem. Nenhum desses elementos TEM REPRESENTAÇÃO NA ESCRITA e os nossos alunos precisam ter essa ciência, até mesmo para elaborarem textos eficientes e comunicativos.

XVII. O alfabeto não é usado para fazer transcrições fonéticas

Existe uma diferença entre a palavra e sua representação fonética. Os símbolos usados para a transcrição fonética e fonológica, embora muito parecidos com o alfabeto, não são o alfabeto de nossa língua. Temos de conscientizar o nosso aluno a respeito disso para que ele não misture os sons com a ortografia.

Com essas regras para decifração, nosso aluno terá um pouco mais de facilidade, desde que o professor também tenha essa conhecimento para poder passá-lo.

(5.3) Aquisição da leitura

Se pensarmos um pouco, veremos que a leitura formal é somente uma das leituras que já temos. Antes de aprendermos a decodificar as letras para compreendermos as mensagens, fazemos – desde pequenos – uma leitura de mundo.

A leitura envolve várias operações cerebrais, como a memória, decifração de letras, entre outras. A leitura não está somente no que está diante dos nossos olhos, mas, principalmente, no que está por trás dessas informações não visuais. Entre tudo que precisamos para sermos leitores, a memória desempenha papel importante. Diz Frank Smith (1989, p. 49):

> *A memória a longo prazo é o conhecimento relativamente permanente do que temos no mundo. A memória de curto prazo é um estoque transitório ao qual prestamos atenção por um tempo determinado. Ambos os aspectos da memória possuem limitações críticas que podem destruir a leitura e a sua aprendizagem. Na memória de curto prazo, podem ser retiradas somente poucas informações de cada vez, prejudicando qualquer leitor que se baseie na informação visual. A entrada de novas informações na memória de longo prazo é lenta e interfere na compreensão. Ambas as limitações são facilmente superadas se o material de leitura for significativo e se o leitor não estiver ansioso temendo cometer erros ou temendo não lembrar de detalhes. Para os aprendizes, em especial, é crucial que o material de leitura faça sentido.*

Kato (1989, p. 49) diz que ler e escrever corresponde a ouvir e falar. Uma vez que precisamos da cooperação entre os elementos comunicativos, temos sempre intenções e objetivos – tanto na emissão quanto na recepção – e formas adequadas à função. Para responder à questão sobre o que fazemos quando lemos, a autora propõe que revisitemos algumas teorias linguísticas, como segue:

a. Estruturalismo

A leitura é um processo instantâneo de decodificação de letras em sons, e a relação disso com o significado.

b. Processamento de dados

Explica Gough, citado por Kavanagh e Matingly (1972, p. 353):

> *No modelo que construí, o leitor não é um adivinhador. Do lado de fora, ele parece ir da escrita para o significado como em um passe de mágica. Mas eu digo que tudo isso é apenas ilusão, que ele realmente caminha pela sentença, letra por letra, palavra por palavra. Pode até ser que ele não faça isso, mas, para mostrar que ele não o faz, é preciso demonstrar qual é a sua mágica.*

Podemos ver, então, que, no modelo de processamento de dados, nossa maneira de adquirir a leitura e a escrita se dá linearmente.

c. Análise pela síntese

Kato (1989, p. 64) explica o modelo de síntese da seguinte forma:

> *O processo de* SÍNTESE *consiste na construção de unidades hierarquicamente mais altas ou maiores, a partir de unidades menores ou mais baixas: sintetizamos quando simulamos a produção da fala; a criança sintetiza, ao ler, se a base de sua leitura é o b + a = ba. Por outro lado, se partirmos de todo para chegar às suas unidades constitutivas, estaremos usando o processo analítico. Assim, se a criança chega ao* CO *e ao* CA *através de* COCA-COLA, *por exemplo, ela realizou um processo de análise. Na interpretação semântica usamos também do processo sintético (ou composicional) para interpretar algo complexo. Assim, interpreto* BOLO DE CHOCOLATE *a partir dos significados de* BOLO DE CHOCOLATE. *Posso também chegar ao significado de uma unidade a partir do todo a que ela pertence.*

No modelo de análise pela síntese, o falante parte de unidades mais básicas para construir as unidades mais complexas.

d. Múltiplas hipóteses

O processamento, em vários níveis, é altamente produtivo, porque é inconsciente. Quando se torna consciente, o processamento se faz sequencial e, em partes, vagaroso.

e. Construtivista

Kato (1989, p. 66) explica esse modelo da seguinte maneira:

> *Para Spiro, o significado não reside em palavras, sentenças, parágrafos ou mesmo textos; o que a língua prevê é um "esqueleto", uma base para a criação de sentido. Esse esqueleto deve ser preenchido, enriquecido e embelezado, de forma que o resultado se conforme com a visão do mundo e a existência do mundo.*
> *Segundo os construtivistas, essa visão de mundo vem organizada em estruturas cognitivas, sejam elas esquemas,* scripts *ou* frames.

Nesse modelo, as estruturas são guardadas em compartimentos específicos, facilitando a compreensão e uso de palavras e estruturas gramaticais.

f. Reconstrutor

O leitor reconstrói a intenção do autor no decorrer de sua leitura, por meio das deixas linguísticas.

Todos esses modelos estão mais bem explicados no livro *No mundo da escrita*, de Mary A. Kato, usado neste capítulo. A autora, após estudo detalhado de todos os aspectos da teoria que envolve a escrita e a leitura, chega a algumas conclusões importantes para nós, professores:

> *1. Ler e escrever são atos de comunicação em que um dos parceiros é apenas imaginado, representado. Como atos de comunicação, estão sujeitos a todos os princípios que regem a comunidade verbal oral.*
> *2. A meta principal e inconsciente do leitor e do redator é conseguir que o texto faça sentido.*
> *3. A leitura é bem-sucedida se o que o leitor compreende é aquilo que o redator pretendeu comunicar; a escritura é bem-sucedida se o redator consegue traduzir suas intenções ilocucionárias, proposicionais e perlocucionárias de forma que o leitor possa recuperá-las sem dificuldades.*
> *4. O que ocorre na leitura e na escritura pode ser, em grande parte, explicado pelas restrições impostas pelas condições externas da tarefa e pelas limitações da memória do leitor/escritor.*

5. Para ambos o uso da memória deve ser constrangido para ativar apenas os esquemas relevantes ao tópico do texto em construção ou reconstrução.

6. Além da informação que vem da memória do usuário, o texto, como entidade autônoma, é também gerador de significados.

7. Tanto a leitura como a escritura podem ser analisadas em seus componentes e subcomponentes, cada um dos quais é regido por planos e metas específicos.

8. Tanto a leitura como a escritura do leitor maduro têm componentes metacognitivos que controlam os processos e as ações durante essas atividades. (Kato, 1989, p. 68)

Somente com todas essas informações em mãos, poderemos ter aulas de leitura e escrita com mais qualidade e eficiência. Aqui, devemos entender essas leituras e escritas não como decodificação do código, mas como uma leitura e escritura do mundo em que a criança está inserida. Por isso, todos os conteúdos se fazem importante, pois esse tipo de ensinamento – embora ideal – está longe das nossas salas de aula. Cabe ao futuro professor mudar essa realidade.

Atividades

1. Quanto à forma e extensão de um texto, podemos dizer que ele:
   a. pode ter somente um número infinito de palavras. Pode ser oral e escrito.
   b. pode ter uma palavra ou um número infinito de palavras. Pode ser somente escrito.
   c. pode ter uma palavra ou um número infinito de palavras. Pode ser somente oral.
   d. pode ter uma palavra ou um número infinito de palavras. Pode ser oral e escrito.

2. Compreender um texto é:
   a. entender somente o que nele está escrito implicitamente.
   b. entender o que nele está escrito explicitamente.
   c. decodificar as letras.
   d. somente descobrir a intenção do autor.

3. Conhecer a ortografia é importante porque:
   a. conhecemos a relação entre sons e letras, fala e escrita.
   b. conhecemos somente a relação entre sons e letras.
   c. conhecemos somente a relação entre fala e escrita.
   d. conhecemos somente sons e letras, fala e escrita.

4. Para Kato (1989), escrever e ler corresponde:
   a. a somente ler.
   b. a somente ouvir.
   c. a ouvir e falar.
   d. a ver e ouvir.

5. No modelo reconstrutor:
   a. o leitor levanta hipóteses.
   b. a criança reconstrói a intenção do autor por meio das dicas linguísticas.
   c. o autor reconstrói a intenção do leitor por meio das dicas linguísticas.
   d. o leitor reconstrói a intenção do autor por meio das dicas linguísticas.

(6)

Construção da compreensão leitora

A compreensão do texto a ser alcançada por sua leitura crítica implica a percepção das relações entre o texto e o contexto.
– Paulo Freire (2003, p. 11)

Neste capítulo, pretendemos focalizar a construção de significados que o leitor realiza durante o processo de leitura. Inicialmente, retomamos o conceito de leitura, inserido em uma perspectiva interativa. Julgamos de extrema importância que o professor em formação tenha acesso aos aportes teóricos que fundamentam esse modelo de leitura, assim como aos seus objetivos e demais implicações.

(6.1) Modelo interativo de leitura: breve contextualização

Para alcançarmos êxito em nosso processo de leitura, utilizando as estratégias de forma adequada, e elevarmos a nossa capacidade de aprendermos com ela, é essencial abordamos dois aspectos como pontos de partida, quais sejam: objetivos (precisa-se saber com que finalidade se lê) e motivação para a leitura (sentir-se motivado para essa atividade). Todos nós, leitores, fazemos essas reflexões antes de ler, visto que utilizamos a leitura como um canal para aprendermos sobre determinado assunto, para colocar em funcionamento um novo equipamento adquirido ou simplesmente pelo prazer que essa prática nos propicia em nossos momentos de lazer. O fato de determinarmos qual a finalidade de nossa leitura auxilia leitores experientes e participantes do processo a estabelecer quais estratégias utilizarão durante o processo de construção da compreensão leitora.

Assim, é por meio de uma perspectiva dinâmica e interativa que a leitura se estabelece, pois, conforme Anthony, Person e Raphael, citados por Thomas Farrel (2003, p. 2), "[l]eitura é o processo de construção de significado através da interação dinâmica entre o conhecimento existente do leitor, a informação sugerida pela linguagem escrita e o contexto da situação da leitura". Como podemos perceber pela definição apresentada, o processo de leitura não apenas aprimora o simples ato da decodificação do código escrito, mas também estabelece relações entre os conhecimentos prévios do leitor – aqui entendidos como as vivências, fruto das interações com o outro – e a mensagem que precisa ser compreendida. Solé (1998, p. 22), sobre o que é ler, adiciona que "O leitor constrói o significado do texto". Ela explica que o texto é carregado de significado, mas que a construção realizada pelo leitor por meio da leitura envolve o seu conhecimento prévio e seus objetivos, diferenciando-o do sentido constituído pelo autor do texto. Diferentes significados podem ser atribuídos para um mesmo texto, pois essa construção é elaborada de forma individual. Por esse motivo, os conhecimentos prévios, os objetivos da leitura e da própria motivação para esse fim se tornam fatores essenciais nessa construção. Para entendermos melhor as interações autor/texto/leitor, vejamos a definição apresentada por Ingedore Koch e Vanda Maria Elias (Koch; Elias, 2006, p. 11):

> *A leitura é pois, uma atividade interativa altamente complexa de produção de sentidos, que se realiza evidentemente com base nos elementos linguísticos presentes na superfície textual e na sua forma de organização, mas requer a mobilização de um vasto conjunto de saberes no interior do evento comunicativo.*

Nessa perspectiva de interação com o texto e construção de sentidos, as estratégias de leitura assumem um papel de destaque, em que o leitor estabelece previsões, formula hipóteses, verifica o que foi previsto, traça inferências sobre o conteúdo lido, ou seja, um conjunto de ações que auxiliam o leitor a compreender melhor o que lê. Vejamos como o processo de leitura é entendido, segundo recomendações contidas nos Parâmetros Curriculares Nacionais – PCN (Brasil, 1998, p. 69):

> *A leitura é o processo no qual o leitor realiza um trabalho ativo de compreensão e interpretação do texto, a partir de seus objetivos, de seu conhecimento sobre o assunto, sobre o autor, de tudo o que sabe sobre a linguagem etc. Não se trata de extrair informação, decodificando letra por letra, palavra por palavra. Trata-se de uma atividade que implica estratégias de seleção, antecipação, inferência e verificação, sem as quais não é possível proficiência. É o uso desses procedimentos que possibilita controlar o que vai sendo lido, permitindo tomar decisões diante de dificuldades de compreensão, avançar na busca de esclarecimentos, validar no texto suposições feitas.*

Em síntese, no modelo interativo de leitura, o leitor participa ativamente de um processo de construção de representações mentais, os quais constituem a compreensão. Sylvia Bueno Terzi (2002) explica que essa representação não pode ser considerada de dados linguísticos, mas uma base de interpretação de dados, a qual nomeia de *pressupostos interpretativos*. Por esse motivo, o modelo em questão não é centrado de forma exclusiva no texto ou no leitor, apesar de considerar o conhecimento prévio como elemento essencial na construção da compreensão. Como a sua própria origem, esse conhecimento prévio é entendido como uma base interna de dados, de dimensão cognitiva. Assim, quanto maior for o conhecimento do leitor sobre o assunto que irá ler, mais facilmente construirá a sua interpretação.

(6.2) Estratégias de leitura em ação

Após, uma breve contextualização teórica de alguns pressupostos que fundamentam a construção da compreensão durante o processo de leitura, julgamos necessário demonstrar, com base em alguns exemplos, como as estratégias e seus indicadores funcionam na prática.

Indicadores são elementos integrantes do texto que ajudam o leitor na formulação de suas previsões, na ativação do conhecimento prévio, na identificação da ideia central e secundárias e, até mesmo, na elaboração de uma síntese ou resumo do que foi lido. Podemos classificar indicadores como título, subtítulo, gráficos, ilustrações, itálico etc. Propomos um pequeno desafio: omitimos o título do texto a seguir. Leia-o e descubra do que se trata.

> Um jornal é melhor do que uma revista. Uma praia é melhor do que uma rua. A princípio é melhor correr do que andar. Talvez você tenha que tentar várias vezes. É necessário ter alguma habilidade, mas é fácil de aprender. Mesmo crianças pequenas se divertem com isso. Uma vez bem-sucedido, as complicações são mínimas. Pássaros raras vezes chegam muito perto. Chuva, contudo, ensopa muito rápido. Gente demais fazendo a mesma coisa também pode causar problemas. Precisa-se de muito espaço. Se não houver complicações, pode ser muito calmo. Uma pedra servirá de âncora. Se elas se soltarem, você não terá uma segunda chance.

FONTE: FARREL, 2003, P. 5.

Então, como foi a experiência? Você já sabe do que se trata o texto? Qual seria a sua sugestão de título?

É possível que uma série de ideias esteja passando pela sua cabeça, mas, antes de revelarmos a resposta, destacamos a seguinte citação de Solé (1998, p. 30) a respeito da importância do título no processo de ler.

> *Estes organizadores são conceitos, informações, prévios à escuta ou leitura de uma explicação ou texto e têm a função de estabelecer pontes conceituais entre o que o leitor já conhece e o que se deseja que aprenda e compreenda. Os títulos e outras partes do texto marcadas de forma diferente podem desempenhar essa função, se estiverem bem construídos. Durante a leitura ajudam o leitor a prestar atenção a aspectos fundamentais, a orientar suas previsões.(Entretanto, deve-se ensinar também que muitas vezes os títulos podem ser enganosos; sua função comercial não deve ser ocultada dos alunos).*

Agora, retomamos o desafio anterior. O título original do texto é: *Como empinar uma pipa*. Então, o título era o que você havia imaginado? Propomos que você releia o texto. Na releitura, você já saberá o título.

Com a releitura, você certamente pôde perceber que os fatos encaixavam conforme o contexto estabelecido pelo título. Caso você não tenha acertado o título do texto após a primeira leitura, passamos a apresentar alguns fatores que contribuíram para que você não alcançasse êxito em sua compreensão. Primeiro, com a omissão do título, você não tinha subsídios para ativar o seu conhecimento prévio com relação ao assunto e, consequentemente, não tinha condições de estabelecer previsões sobre o texto. Com isso, à medida que você lia, suas previsões não eram verificadas, resultando em imprecisão com relação à interpretação. Por fim, sem previsões, você também encontrou dificuldades para formular hipóteses e inferências a respeito do conteúdo. Possivelmente, você deve estar se perguntando se faz tudo isso enquanto lê. Para responder a essa questão, retomamos o estágio de automatismo, já apresentado aqui. Na verdade, leitores experientes não estão conscientes de todos os procedimentos utilizados para construir os sentidos da leitura. As ações acontecem de forma automática.

Caso você tenha acertado o título na primeira leitura, responda aos seguintes questionamentos:

> *O que lhe auxiliou a chegar à resposta correta? O vocabulário? Alguma evidência tipográfica, como negrito ou itálico? A tipologia textual contribuiu para o seu entendimento? Enfim, reflita sobre que fatores podem ter auxiliado você na construção dessa interpretação.*

No modelo interativo de leitura, não há uma estrutura fixa ou sequência rígida a ser seguida, pois o leitor, em face dos obstáculos apresentados, deve tomar as decisões adequadas, ou seja, estabelecer previsões antes e durante o processo de leitura é um exemplo da estrutura flexível que o modelo propõe.

Com objetivo de consolidarmos os seus conhecimentos a respeito da temática, propomos um segundo desafio. Para isso, leia o texto a seguir.

Antes de iniciar a leitura propriamente dita, reflita sobre o título, faça previsões, estabeleça suas hipóteses. O que você sabe sobre este assunto?

> *Formação de anéis*
>
> É bastante conhecido que as formações de anéis são atingidas sob condições muito brandas através de carbometalizações intramoleculares. Trabalhos anteriores mostraram que o tetrakis – metaxiocarbonil-paladio-ciclopentadieno (TCPC) tem alta habilidade catalítica na formação dos anéis. O TCPC pode catalisar 1,6 – eninos em três diferentes tipos de produtos: a) produtos de ciclização enzimática: cíclicos 1,3 e/ou 1,4 – dienos, b) produtos de rearranjo molecular: cíclicos 1,3-dienos e c)produtos de cicloadição 2 + 2 + 2.

FONTE: FARREL, 2003, p. 6.

Com as orientações apresentadas e a análise do título, acreditamos que a construção da interpretação fluiu de forma mais segura. Caso isso não tenha acontecido, é importante estabelecermos a reflexão sobre em que medida as informações do título foram úteis. Se você não conseguiu confirmar suas previsões a respeito do texto, possivelmente o que você havia pensado não se concretizou durante a leitura, o ciclo da compreensão não se efetivou e você certamente encontrou vários obstáculos. Fornecemos essa exemplificação com o objetivo de salientarmos que nem sempre o título poderá nos possibilitar a ativação de nosso conhecimento prévio e, até mesmo, oferecer-nos uma fonte para gerarmos nossas previsões. Nesse caso, faltou ao leitor um conhecimento específico do assunto para que ele fosse capaz de atribuir sentido às palavras que ali constituem uma informação.

Ao analisarmos um texto, destacamos o papel ativo do leitor, que deverá lidar não somente com as informações explícitas no texto, mas também com dados implícitos. Durante a leitura, é importante que o leitor faça as devidas inferências a fim de perceber a intertextualidade da mensagem e, por meio de suas experiências prévias, ser capaz de alcançar a compreensão em detalhes. Assim, podemos constatar que o processo de leitura exige do leitor muito mais que o domínio do código linguístico, mas o estabelecimento de vínculos de interação com o texto, resultando na própria construção de sentidos.

É POR MEIO DO CONHECIMENTO PRÉVIO, DAS PREVISÕES E DAS HIPÓTESES que o leitor será capaz de construir os sentidos da leitura de forma mais eficaz, ou seja, elevar o nível de interação entre o leitor e o texto, configurando, assim, uma atividade de aprendizagem.

Pretendemos colocar em prática os procedimentos citados, que contribuem para a construção da compreensão leitora. Segue o exemplo acompanhado das orientações de leitura.

INFORMAÇÕES GERAIS SOBRE O TEXTO
Autor: Machado de Assis
Tipologia textual: Conto
Título: Adão e Eva

Veloso continuou dizendo que no sexto dia foi criado o homem, e logo depois a mulher; ambos belos, mas sem alma, que o Tinhoso não podia dar, e só com ruins instintos. Deus infundiu-lhes a alma, com um sopro, e com outro os sentimentos nobres, puros e grandes.

Nem parou nisso a misericórdia divina; fez brotar um jardim de delícias, e para ali os conduziu, investindo-os na posse de tudo. Um e outro caíram aos pés do Senhor, derramando lágrimas de gratidão. "Vivereis aqui", disse lhe o Senhor, "e comereis de todos os frutos, menos o desta árvore, que é a da ciência do Bem e do Mal".

Adão e Eva ouviram submissos; e ficando sós, olharam um para o outro, admirados; não pareciam os mesmos. Eva, antes que Deus lhe infundisse os bons sentimentos, cogitava de armar um laço a Adão, e Adão tinha ímpetos de espancá-la. Agora, porém, embebiam-se na contemplação um do outro, ou na vista da natureza, que era esplêndida. Nunca até então viram ares tão puros, nem águas tão frescas, nem flores tão lindas e cheirosas, nem o sol tinha para nenhuma outra parte as mesmas torrentes de claridade. E dando as mãos percorreram tudo, a rir muito, nos primeiros dias, porque até então não sabiam rir. Não tinham a sensação do tempo. Não sentiam o peso da ociosidade; viviam da contemplação. De tarde iam ver morrer o sol e nascer a lua, e contar as estrelas, e raramente chegavam a mil, dava-lhes o sono e dormiam como dois anjos.

Fonte: Assis, 1994.

As informações gerais já podem ser utilizadas pelo leitor para iniciar as suas previsões sobre o texto. Por exemplo, pode ser proposto ao aluno os seguintes questionamentos:
O que você sabe sobre o estilo das obras de Machado de Assis?
Um conto! Quais são as características textuais de um conto? A narrativa, uma sequência de fatos.
E o título? O que você sabe sobre Adão e Eva?

Com a leitura do 1º parágrafo, podemos perceber a existência da personagem Veloso – que, no texto, conta a história da criação do mundo, mais especificamente o sexto dia, com a criação do homem e da mulher. Entre as personagens, há a referência ao *Tinhoso*, em letra maiúscula. Nesse exemplo, o autor pressupõe que o leitor saiba de quem ele está falando, ou seja, do diabo. Nesse sentido, é a construção dos sentidos que o leitor precisa desenvolver durante o processo de leitura, na qual é necessário aliar os seus conhecimentos de mundo (prévios) para estabelecer a compreensão.

Extraímos um trecho do texto para apresentar algumas possíveis hipóteses que o leitor poderia elencar durante a leitura. Vejamos os questionamentos a seguir:

> *Que fruto é esse? Eles comeram o fruto?*

Nem parou nisso a misericórdia divina; fez brotar um jardim de delícias, e para ali os conduziu, investindo-os na posse de tudo. Um e outro caíram aos pés do Senhor, derramando lágrimas de gratidão. "Vivereis aqui", disse-lhe o Senhor, "e comereis de todos os frutos, menos o desta árvore, que é a da ciência do Bem e do Mal".
Adão e Eva ouviram submissos; e ficando sós, olharam um para o outro, admirados; não pareciam os mesmos.

Como é possível perceber, as hipóteses podem variar conforme o nível de conhecimento prévio do leitor a respeito do assunto. Um leitor que já conhece a história certamente não formularia a hipótese, conforme exemplo da primeira pergunta, pois essa informação já é de seu conhecimento: quem sabe a hipótese seria o motivo de esse fruto ter sido escolhido como o da ciência do bem e do mal. Como mencionamos anteriormente, as hipóteses podem ser confirmadas ou não. Elas podem ser verificadas enquanto o leitor realiza a leitura do texto, ou seja, a confirmação das hipóteses previstas só acontecem com a leitura do texto na íntegra. Devido à natureza dinâmica do processo de compreensão, Solé (1998) afirma que a leitura é um processo de constante elaboração e verificação das previsões (hipóteses) que conduzem à construção de uma interpretação. A autora também adiciona que, no contexto de ensino da leitura, é importante demonstrar que algumas previsões/hipóteses não são confirmadas ao longo do texto, possibilitando, dessa forma, que os alunos percebam que não buscamos exatidão com as estratégias de leitura, mas a adequação e a coerência.

Os textos narrativos são fontes ricas de subsídios para o estabelecimento de previsões. Vejamos alguns exemplos no trecho em destaque:

Eva, antes que Deus lhe infundisse os bons sentimentos, cogitava de armar um laço a Adão, e Adão tinha ímpetos de espancá-la.

> *O texto traz algumas características, tais como sentimentos e comportamentos. Essas informações auxiliam o leitor a definir o comportamento dos personagens e a própria atmosfera em que a história está inserida.*

A IDEIA PRINCIPAL E O RESUMO podem ser definidos como ações fundamentais na construção da interpretação. Quando lemos, precisamos selecionar as ideias centrais do texto, assim como, ao final da leitura, resumir o que foi lido. Essas etapas estão intimamente ligadas a outras ações que envolvem o processo de construção da compreensão, a saber: a definição dos objetivos da leitura, a ativação do conhecimento prévio, o estabelecimento e verificação das previsões a respeito do texto. Quando sintetizamos o que lemos, estamos recapitulando os sentidos que construímos ao longo do processo de leitura. A produção textual acerca do que lemos possibilita ao leitor refletir sobre o que lê, contribuindo para o desenvolvimento da autonomia e da capacidade crítica, ou seja, o leitor não reproduz os significados atribuídos pelo autor, mas os relaciona com o seu ponto de vista.

Nessa perspectiva, espera-se que o leitor seja capaz de selecionar as partes mais importantes do texto, ou seja, frases e ou ações que possam conter o sentido geral do texto. No entanto, é fundamental que ele inicie a leitura com os seus objetivos previamente determinados.

Como fica Cuba após Fidel?

"Acredito que Raul Castro, o irmão de Fidel que o sucederá, vai querer adotar um modelo de governo mais parecido com o da China. Ou seja: manterá o regime político da ilha fechado, mas, em contrapartida, abrirá cada vez mais a economia para a iniciativa privada. Caso isso aconteça, Cuba pode obrigar os EUA a suspender seu embargo econômico." (Brian Latell, ex-membro da CIA.)

"Durante sua doença, ficou claro que Fidel propôs que seu poder seja dividido. Ainda que o seu irmão Raul permaneça liderando o governo e o Exército, outras lideranças do partido ficarão responsáveis por áreas como a economia e as políticas sociais." (Holger W. Henke, cientista político da Faculdade Metropolitana de Nova York.)

"Tudo depende de como o general Raul Castro fará a transição. Com a crescente organização da sociedade civil cubana, um conflito entre governo e oposição pode se aprofundar caso os cubanos sintam que haverá apenas uma sucessão – sem transição para um novo regime. Mas o conflito pode se tornar administrável caso Raul Castro sinalize uma abertura econômica." (Jorge I. Dominguez, professor de Relações Internacionais da Universidade Harvard.)

FONTE: CAVALCANTE, 2007.

Uma possível proposta da ideia principal do excerto anterior é a seguinte:

Opiniões de especialistas internacionais com relação à política a ser adotada pelo sucessor de Fidel Castro, Raul Castro, na presidência de Cuba.

Para elaboração dessa sugestão, focalizamos o que era de fundamental em cada um dos depoimentos que compõem o artigo e estabelecemos o ponto central de forma única. Cabe destacar que outras redações são possíveis. A produção apresentada é somente a título de exemplificação.

Agora, leia o texto a seguir, conforme as etapas exemplificadas neste capítulo, e coloque em prática as estratégias de leitura aprendidas. Para a construção de um resumo, selecione as informações relevantes.

Energia que vem da praia

O projeto totalmente brasileiro que produz eletricidade a partir das ondas do mar.

Os oceanos são uma fonte de energia limpa e renovável tão poderosa que poderiam abastecer todo o planeta. O difícil é encontrar uma maneira barata de aproveitar essa força. Vários países estão na busca – inclusive o Brasil. Até o final do ano será construída no município de São Gonçalo do Amarante, a 55 km de Fortaleza, a primeira usina de energia elétrica do país movida pela força das ondas do mar.

Com tecnologia 100% brasileira, o projeto piloto vai abastecer inicialmente 200 residências. Se der certo, no futuro as ondas poderão gerar até 15% de toda a eletricidade do Brasil.

O Ceará foi o lugar escolhido por apresentar ondas constantes, essenciais para a geração de energia. "No Ceará, elas quebram em intervalos regulares de 5 a 8 segundos", diz Segen Stefen, da UFRJ, onde foi desenvolvido o projeto.

A grande barreira para esse tipo de projeto é o custo: gerar energia com ondas ainda é mais de duas vezes mais caro do que em uma hidroelétrica, o que fez os EUA desistir de investir nesse tipo de usina. A vantagem é que o processo quase não traz danos ambientais. Talvez desagrade apenas os surfistas.

1. As ondas jogam para cima e para baixo as pás flutuantes de concreto, que estão ligadas a uma bomba d'água.
2. O movimento constante das pás bombeia a água para um tanque, que a armazena em altíssima pressão.
3. O tanque libera um jato de água em um gerador, com uma pressão igual à de uma cachoeira de 500 metros de altura.

Fonte: Bortoloti, 2006.

Apresentamos uma possível versão para o resumo do artigo apresentado:

O artigo discute a possibilidade de implantação de um projeto de geração elétrica com a utilização das ondas do mar. A principal vantagem concentra-se na possibilidade de produzir energia sem causar maiores danos ao meio ambiente. No entanto, especialistas apontam como principal desvantagem o alto custo na geração de energia. O Brasil pretende construir uma usina no Estado de Fortaleza, com tecnologia 100% nacional, e avaliar os resultados dessa alternativa.

Finalizamos esta abordagem sobre o modelo interativo de leitura, com a citação de Koch e Elias (2006, p. 18), a qual sintetiza os processos aqui expostos:

> *Na atividade de leitores ativos, estabelecemos relações entre nossos conhecimentos anteriormente constituídos e as novas informações contidas no texto, fazemos inferências, comparações, formulamos perguntas relacionadas com o seu conteúdo. Mais ainda: processamos, criticamos, contrastamos e avaliamos as informações que nos são apresentadas, produzindo sentido para o que lemos. Em outras palavras, agimos estrategicamente, o que nos permite dirigir e autorregular nosso próprio processo de leitura.*

Com a leitura deste capítulo, possivelmente você pôde perceber o quanto é importante o planejamento de uma aula de leitura. É importante que o professor propicie ao aluno as vivências das diferentes etapas com vistas à construção da compreensão leitora.

Atividades

1. Classifique as sentenças a seguir em (V) verdadeiras ou (F) falsas:
   ( ) Os indicadores, tais como título e subtítulo, sempre orientam o leitor com relação à temática central abordada pelo texto.
   ( ) O conhecimento prévio do leitor tem como base as vivências, as crenças, os valores, os conhecimentos linguísticos e as interações com o outro.
   ( ) Durante a interação leitor-texto, pressupõe-se que o leitor estabeleça várias previsões e hipóteses acerca do que é lido.
   ( ) Antes de iniciar a leitura, o leitor precisa definir claramente os seus objetivos, pois isso contribuirá para a construção da compreensão.

A sequência correta é:

a. F, V, V, F.
b. V, F, V, V.
c. F, V, V, V.
d. F, F, V, F.

2. Com base na leitura do capítulo, escolha a alternativa que melhor define o conceito do modelo interativo de leitura:
   a. É um modelo que focaliza a utilização das estratégias de leitura de forma eficaz.
   b. O foco é a interação que o leitor estabelece com os seus pares por meio da leitura.
   c. Essa perspectiva prioriza as relações entre autor, texto e leitor na construção de sentidos.
   d. Torna o leitor consciente de suas habilidades e capacidades a serem desenvolvidas com o processo de leitura.

3. Identifique a alternativa que NÃO corresponde à aplicação das estratégias de leitura de forma adequada:
   a. Antes de iniciar a leitura do texto propriamente dito, procure analisar as informações contidas no título, subtítulo e demais indicadores como ilustrações, negritos, datas etc.
   b. Antes de ler o texto, identifique todas as palavras desconhecidas e procure os significados com o auxílio de um dicionário.
   c. Durante a leitura, procure confirmar as previsões estabelecidas.
   d. Ative o seu conhecimento prévio, refletindo sobre o que você sabe a respeito do assunto abordado, quais as características da tipologia textual, do autor etc.

4. Marque a alternativa que apresenta as características do leitor no processo de leitura:
   a. Responde perguntas/constrói sentidos/analisa os padrões linguísticos.
   b. Critica opiniões/decodifica o código linguístico/responde perguntas.
   c. Interage/participa/constrói sentidos.
   d. Participa/sugere ideias/formula hipóteses.

5. Qual é a principal justificativa da aplicação das estratégias de leitura durante o processo de ler?
   a. Tornar o leitor mais organizado com suas leituras.
   b. Contribuir para a formação de leitores iniciantes.
   c. Auxiliar o leitor a compreender melhor o que lê.
   d. Orientar o leitor na seleção de materiais para leitura.

(7)

o ensino das estratégias de leitura

Formar leitores autônomos também significa formar leitores capazes de aprender a partir dos textos.
– Isabel Solé (1998, p. 72)

Neste capítulo, abordaremos um assunto de suma importância, esquecido e desconsiderado pela maioria dos professores de Língua Portuguesa: o ensino das estratégias de leitura. Sabemos que o processo de leitura se dá por meio da interação do leitor com o texto. As etapas desenvolvidas ao longo desse processo contribuem para a construção dos significados. Pretendemos focalizar o conceito de estratégia, assim como a importância do seu ensino.

(7.1) Estratégias de leitura: conceitos e classificações

Recorremos ao antigo e bom dicionário a fim de definirmos o termo *estratégia*. Segundo o *Dicionário Aurélio de língua portuguesa* (Ferreira, 2004, p. 380), é a "arte de aplicar os meios disponíveis ou explorar condições favoráveis com vista a objetivos específicos". Transpondo esse significado para o nosso contexto de leitura, podemos dizer que o leitor se utiliza de procedimentos com o objetivo de alcançar o entendimento do que está lendo. Assim, todos nós lemos porque temos um objetivo, podendo ser ele o da informação, do estudo ou do próprio prazer.

Segundo Solé (1998), a tarefa de definirmos o termo *estratégia*, vinculado ao contexto de LEITURA, torna-se um tanto complexo pelo simples fato de aproximarmos essa definição de outros termos similares, como *habilidade, técnica* e *procedimento*. A autora afirma que entre esses termos há muitas características incomuns, o que torna difícil uma definição precisa para cada um deles.

Podemos definir o papel das estratégias no contexto de ensino da leitura como um conjunto de ações exercidas pelo leitor durante o processo de leitura. Muitas dessas ações podem estar ordenadas e até mesmo acontecem de forma frequente. No entanto, leitores experientes utilizam as estratégias de forma bastante automática, ou seja, enquanto lemos, não pensamos detalhadamente como processamos a leitura. Inserida nessa perspectiva, Kleiman (2007, p. 49) nos apresenta a seguinte definição:

> *Quando falamos de estratégias de leitura, estamos falando de operações regulares para abordar o texto. Essas estratégias podem ser inferidas a partir da compreensão do texto, que por sua vez é inferida a partir do comportamento verbal e não verbal do leitor, isto é, do tipo de respostas que ele dá a perguntas sobre o texto, dos resumos que ele faz, de suas paráfrases, como também da maneira com que ele manipula o objeto: se sublinha, se apenas folheia sem se deter em parte alguma, se passa os olhos rapidamente e espera a próxima atividade começar, se relê.*

Ainda segundo Kleiman (2007), essas estratégias adotadas pelo leitor podem ser classificadas em *cognitivas* e *metacognitivas*.

As ESTRATÉGIAS COGNITIVAS são as operações inconscientes realizadas pelo leitor – no sentido de não ter chegado ainda ao nível consciente – para atingir algum objetivo da leitura. O processamento, que consiste, em grande parte, em procedimentos para os quais utilizamos conhecimento sobre o qual não temos reflexão nem controle consciente (esses procedimentos são chamados de *automatismos da leitura*). Já as ESTRATÉGIAS METACOGNITIVAS são operações realizadas com algum objetivo em mente, sobre as quais temos controle consciente, no sentido de sermos capazes de dizer e explicar a nossa ação. Trata-se de atividades diversificadas e flexíveis em que o leitor poderá se engajar quando não entender o texto, e constituem o indício do funcionamento de uma estratégia para obter mais eficiência na leitura: reler o texto, destacar o significado de uma palavra-chave, resumir o que leu, procurar exemplificar um conceito (Kleiman, 2007, p. 50).

Conforme os autores Goodman e Smith, citados por Kato (1999), o termo *estratégias* é utilizado para descrever os comportamentos adotados pelo leitor durante a leitura. Para Goodman, ainda em Kato (1999), a leitura se dá por processos cíclicos de estratégias de colheita de amostragem, predição, testagem e confirmação. O autor ainda afirma que a leitura é como um jogo psicolinguístico de adivinhação. Já Smith, também segundo Kato (1999), acredita que a melhor estratégia de leitura é quando o leitor lê priorizando o significado, isto é, sem muita preocupação de decodificar palavra por palavra ou letra por letra. Kato (1999) acrescenta que ambos os autores consideram que, para alcançar uma leitura significativa, é fundamental o leitor se utilizar da estratégia de predição, ou adivinhação, isso porque eles acreditam que a leitura contempla estímulos visuais e não visuais do universo cognitivo do leitor. Nesse sentido, a combinação de conhecimentos prévios do leitor e os aspectos visuais são elementos que o tornam capaz de antever ou predizer o conteúdo do texto a ser lido.

Em síntese, podemos pensar que os procedimentos de leitura, definidos aqui como estratégias, apesar de suscitarem aspectos de ordenação, não apresentam características precisas e/ou receitas mágicas. Na verdade, possuem uma natureza flexível e possibilitam ao leitor a adoção da estratégia que melhor lhe ajudará para elevar a sua capacidade de compreensão leitora.

(7.2) Ensinar ou não ensinar as estratégias de leitura: eis a questão

Podemos imaginar que a sua resposta seja não. A justificativa mais provável para a sua resposta concentra-se na sua própria característica de leitor maduro (experiente). Na verdade, a maioria dos leitores não percebe que utiliza as estratégias de leitura durante o processo de ler porque já alcançou um estágio de automatismo. Entre outras palavras, as ações transcorrem de forma inconsciente, pois lemos e compreendemos o que lemos, mas quando algo impede esse fluxo, um vocábulo diferente, uma página em uma formatação incomum, logo despertam a nossa dúvida e incompreensão ante aquele obstáculo. Então, situações como essas justificam a importância de aprendermos a utilizar as estratégias de leitura com objetivo de construir uma interpretação mais eficaz do que lemos. Assim, nós, leitores, diante dos obstáculos apresentados pela leitura, devemos procurar encontrar uma solução para esse problema, como reler a frase, procurar o significado de alguma palavra, analisar o contexto, rever nossas previsões e hipóteses com relação à leitura, entre outras.

Portanto, quando assumimos tais procedimentos, estamos fazendo uso explícito das estratégias de leitura que podem nos levar a compreensão do texto. Sobre essa mudança do estado automático e inconsciente para o uso consciente de procedimentos capazes de auxiliarem a nossa compreensão, Solé (1998, p. 72) ainda diz que,

> *No estado estratégico[,] somos plenamente conscientes daquilo que perseguimos – por exemplo, ter certeza de que aprendemos o conteúdo do texto, ou esclarecer um problema de compreensão – e colocamos em funcionamento algumas ações que podem contribuir para a consecução do propósito. Simultaneamente, permanecemos alertas avaliando se conseguimos nosso objetivo e podemos variar nossa atuação quando isso nos parece necessário.*

Dessa forma, é possível afirmamos que é tarefa da escola contribuir para a formação de leitores autônomos dotados de capacidade de enfrentar os obstáculos propostos pelos diferentes tipos de textos de forma inteligente. Aproximando-se do contexto escolar, veremos que, ao longo da instrução formal, os alunos deverão ser capazes de realizar leituras de assuntos diversos, características textuais diferentes, níveis de complexidade textual variada, ora simples, ora complexa, múltiplas temáticas, objetivos e, até mesmo, textos mal escritos. Salientamos que esses aspectos são fundamentais para o processo de formação de leitores. Solé (1998, p. 72) ainda diz que

> *Formar leitores autônomos também significa formar leitores capazes de aprender a partir dos textos. Para isso, quem lê deve ser capaz de interrogar-se sobre sua própria compreensão, estabelecer relações entre o que lê e o que faz parte do acervo pessoal, questionar seu conhecimento e modificá-lo, estabelecer generalizações que permitam transferir o que foi aprendido para outros contextos diferentes [...].*

A autora ainda reforça que o ensino das estratégias é fundamental, pois elas contribuem para o aprender por meio da leitura. Na verdade, com esses conhecimentos, os alunos serão instrumentalizados com o objetivo de serem capazes de aprender a aprender. No entanto, Solé (1998) não sugere a elaboração de uma lista de estratégias, pois acredita que tal atitude modificaria a característica de uma estratégia para uma simples técnica. Assim, a autora nos alerta a respeito da manutenção do próprio significado das estratégias.

Inseridas em uma perspectiva de construção coletiva, de princípios construtivistas, em que há os papéis de aluno e professor, participante e mediador, é importante que existam condições mínimas para o desenvolvimento de projetos que estimulem e qualifiquem o ensino da leitura na escola. Nesse sentido, citamos as recomendações apontadas pelos Parâmetros Curriculares Nacionais – PCN (Brasil, 1998, p. 71-72) como condições favoráveis para a formação de leitores:

- *A escola deve dispor de uma biblioteca em que sejam colocados à disposição dos alunos, inclusive para empréstimo, textos de gêneros variados, materiais de consulta nas diversas áreas do conhecimento, almanaques, revistas, entre outros.*
- *É desejável que as salas de aula disponham de um acervo de livros e de outros materiais de leitura. Mais do que a quantidade nesse caso, o importante é a variedade que permitirá a diversificação de situações de leitura por parte dos alunos.*
- *O professor deve organizar momentos de leitura livre em que também ele próprio leia, criando um circuito de leitura em que se fala sobre o que se leu, trocam-se sugestões, aprende-se com a experiência do outro.*
- *O professor deve planejar atividades regulares de leitura, assegurando que tenham a mesma importância dada às demais. Ler por si só já é um trabalho, não é preciso que cada texto lido siga um conjunto de tarefas a serem realizadas.*
- *O professor deve permitir que também os alunos escolham suas leituras. Fora da escola, os leitores escolhem o que leem. É preciso trabalhar o componente livre de leitura, caso contrário, ao sair da escola ficarão para trás.*
- *A escola deve organizar-se em torno de uma política de formação de leitores, envolvendo toda a comunidade escolar. Mais do que a mobilização para a aquisição e preservação do acervo, é fundamental um projeto coerente de todo o trabalho escolar em torno da leitura. Todo o professor, não apenas o de língua portuguesa, é também professor de leitura.*

Sabemos que, infelizmente, em muitas realidades escolares, estamos bastante distantes do ideal anteriormente citado, isto é, de uma condição favorável para o desenvolvimento de projetos que promovam a leitura como uma prática efetiva de exercício da cidadania. Portanto, cabe à equipe pedagógica e corpo docente estabelecer em um diálogo permanente com toda a comunidade escolar, pais e alunos, com o intuito de estimular uma postura coletiva a fim de buscar colaboradores para a realização dos projetos de leitura. Mas, para bons projetos de leitura, precisamos definir dois aspectos metodológicos muito importantes: o que ensinar e como ensinar. Para responder tais questões, é preciso refletir sobre o que lemos e como lemos. Os obstáculos enfrentados pelos leitores podem ser diminuídos com o emprego de um conjunto de ações, entendidas como estratégias, durante a leitura e que possibilitam ao leitor compreender melhor o que lê. De forma prática, reunimos as recomendações de Solé (1998) a respeito desse processo e apresentamos o seguinte esquema:

1. O que eu vou ler?
2. Por que eu vou ler?
3. O que eu sei sobre este assunto?
4. Preciso saber qual é a ideia central deste texto?
5. Que outras ideias posso extrair do texto?
6. Concordo com a ideia do texto ou discordo dela? O texto é claro?
7. O que posso concluir com a compreensão alcançada?

O leitor, ao refletir sobre os questionamentos apresentados, coloca em prática alguns dos benefícios que as estratégias podem proporcionar a ele. Cabe ao professor pensar a respeito dessas etapas vivenciadas pelo leitor a fim de selecionar o que deve ser contemplado em seu planejamento de leitura. Segundo Solé (1998), ao responder às perguntas (1) e (2), o leitor é induzido a compreender os propósitos implícitos e explícitos da leitura. Já com relação à pergunta (3), o leitor ativa os seus conhecimentos prévios a respeito do texto proposto, enquanto as perguntas (4) e (5) direcionam a sua atenção para aspectos centrais do texto, separando as informações primordiais das secundárias. Na pergunta (6), o leitor é instigado a avaliar a consistência do texto, verificando a coerência e a lógica das ideias apresentadas. Com relação à pergunta (7), faz a checagem das próprias previsões, hipóteses e conclusões elaboradas sobre o texto antes, durante e após a leitura.

O professor deverá ter consciência das diferentes etapas em que o leitor é submetido durante a leitura, pois há certa limitação em definirmos com exatidão os momentos em que as previsões, a identificação da ideia principal e demais inferências acontecem. Na verdade, as estratégias ocorrem de maneira integrada durante todo o processo de leitura.

(7.3) Antes, durante e depois da leitura

O simples fato de o professor conhecer as estratégias e os benefícios do ensino da leitura não são fatores predominantes para alcançar êxito em projetos referentes a ela. Portanto, mais do que conhecer esse assunto, o educador terá de assumir uma postura modelo, isto é, tornar-se para os seus alunos um referencial no que diz respeito ao apreço pela leitura. Assumir uma atitude participativa e demonstrar por meio de suas aulas que a leitura também faz parte do seu cotidiano, postura fundamental para estimular e mediar propostas de ensino que focalizam a leitura. Como referenciado no Capítulo 2, a leitura em voz alta por parte do professor é uma proposição didática que reafirma o seu papel em uma construção coletiva, ou seja, na qual professor e alunos discutem e expõem os seus entendimentos com base no que foi lido. Nessa perspectiva construtivista, destacamos a posição de Solé (1998, p. 76), que diz:

> *Entendo as situações de ensino/aprendizagem que se articulam em torno das estratégias de leitura como processos de construção conjunta, nos quais se estabelece uma prática guiada através da qual o professor proporciona aos alunos os "andaimes" necessários para que possam dominar progressivamente essas estratégias e utilizá-las depois da retirada das ajudas iniciais. Diversas propostas teórico/práticas orientam-se neste sentido ou em um sentido similar.*

Dotar os alunos do conhecimento das estratégias que visam elevar o nível de compreensão leitora é, sem sombra de dúvida, contribuir para a formação de leitores autônomos, conscientes e comprometidos com a atualização de seus conhecimentos. Portanto, entendemos que o professor deverá planejar suas ações com relação às estratégias, focalizando o antes, o durante e o depois do ato de ler. Ilustramos esse processo de construção da seguinte forma:

Figura 7.1 – Antes e depois

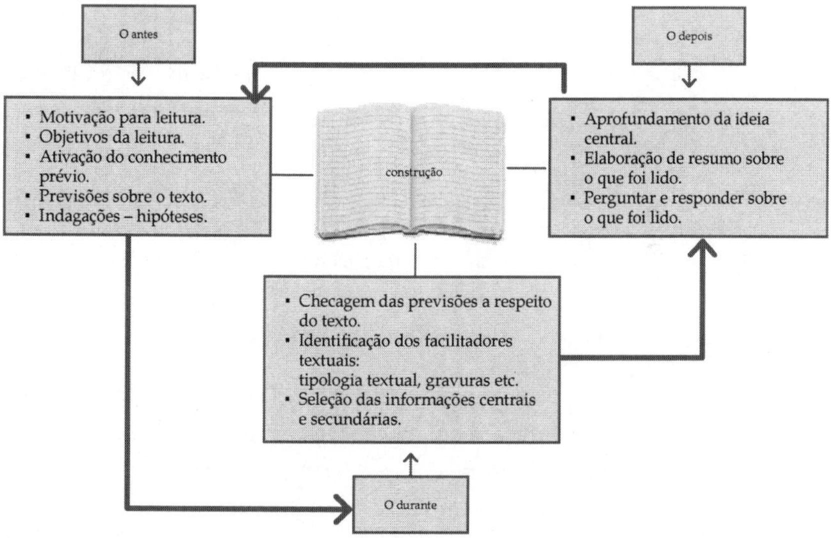

O antes
O depois
• Motivação para leitura.
• Objetivos da leitura.
• Ativação do conhecimento prévio.
• Previsões sobre o texto.
• Indagações – hipóteses.
construção
• Aprofundamento da ideia central.
• Elaboração de resumo sobre o que foi lido.
• Perguntar e responder sobre o que foi lido.
• Checagem das previsões a respeito do texto.
• Identificação dos facilitadores textuais: tipologia textual, gravuras etc.
• Seleção das informações centrais e secundárias.
O durante

O esquema anterior destaca não somente as etapas que ocorrem durante o processo de leitura, mas a própria natureza cíclica das estratégias. Como podemos visualizar através das setas, há um sentido rotatório e sequencial (antes, durante e depois), mas isso não quer dizer, dependendo dos objetivos que o leitor tem para determinada leitura, que o percurso assuma outro sentido. O ciclo apresentado poderá ser iniciado e reiniciado quantas vezes forem necessárias, de modo que auxilie o leitor na construção do significado do que é lido. Na verdade, não há uma sequência fixa e a variação da ordem pode contribuir para um melhor envolvimento do leitor. O importante é sempre utilizar as estratégias prévias, ou seja, o preparo e a adequação da ordem aos objetivos propostos para a leitura. Nesse sentido, o professor não deverá somente explicar sobre as estratégias, mas precisará possibilitar momentos de prática; assim, os alunos serão capazes de compreender a aplicabilidade dessa prática. Ao explicar para os seus alunos, o professor deverá demonstrar de forma prática como ele, também leitor, estabelece as previsões sobre o texto, como define o objetivo para a sua leitura, como procede com a própria ativação do conhecimento prévio, como identifica as marcas textuais, como reconhece as características da tipologia textual, ilustrações e demais facilitadores que possam elevar o nível de compreensão, como formula questionamentos sobre o que foi lido, como esclarece as dúvidas encontradas durante a leitura e, por fim, como elabora e responde questões sobre o texto a fim de avaliar o que compreendeu sobre a leitura. Com essa demonstração, o professor estimula a participação de seus alunos tornando-os ativos, possibilitando que sejam conscientes do processo e que compreendam o que leem. Com relação ao processo de leitura, Solé (1998, p. 116) destaca que

> *O processo de leitura deve garantir que o leitor compreenda os diversos textos que se propõe a ler. É um processo interno, porém deve ser ensinado. Uma primeira condição para aprender é que os alunos possam ver e entender como faz o professor para elaborar uma interpretação do texto: quais as suas expectativas, que perguntas formula, que dúvidas surgem, como chega a conclusão do que é fundamental para os objetivos que o guiam, que elementos tomou ou não do texto, o que aprendeu e o que ainda tem de aprender... em suma, os alunos têm de assistir a um processo de leitura, que lhes permita ver as estratégias em ação em uma situação significativa e funcional.*

A sequência PREVER, LER, RESUMIR e PERGUNTAR pode perfeitamente ser alterada, pois as variações agregam um caráter de tomada de decisão perante os obstáculos encontrados na leitura. Ao abordamos o contexto de ensino-aprendizagem, podemos destacar os benefícios da leitura compartilhada, ou seja, na qual todos os envolvidos, alunos e professor, assumem responsabilidades com o uso das estratégias de leitura que conduzem à construção da compreensão leitora. Como mencionamos anteriormente neste capítulo, a referência do professor como modelo é fundamental, isto é, a demonstração da utilização das estratégias durante a leitura é essencial para que os alunos sejam encorajados a formularem suas previsões e hipóteses sobre o texto a ser lido, a identificarem as marcas textuais, a conseguirem selecionar as informações centrais e secundárias, enfim, que consigam aprender a ler melhor com a utilização das estratégias.

Com base em uma perspectiva dinâmica, característica do processo de leitura, é recomendado que a exemplificação do uso das estratégias de leitura, por parte do professor, seja gradualmente transferida para os alunos. A intenção é possibilitar que os alunos possam conduzir o processo de forma autônoma. Dessa forma, o professor assume o papel de guia, moderador das situações de leitura propostas. No âmbito da leitura compartilhada, segundo Solé (1998), o professor deverá envolver os seus alunos com as quatro estratégias básicas. Primeiramente, professor e alunos realizam a leitura silenciosa de um texto. Em seguida, o professor apresenta aos alunos um resumo sobre este e solicita a sua concordância. Na sequência, pede explicações sobre determinados aspectos no texto, como vocabulário, informações centrais e, por fim, faz alguns questionamentos sobre o texto. No próximo trecho do texto a ser lido, de forma compartilhada, aconselha-se que outra pessoa assuma o papel desenvolvido pelo professor. Assim, todos poderão assumir um papel ativo e responsável com a aprendizagem.

Destacamos que não há uma receita ideal para o ensino das estratégias de leitura. Podemos propor algumas sugestões, que serão apresentadas nos próximos capítulos, mas somente o professor poderá avaliar as situações adequadas às necessidades de seus alunos. Por esse motivo, destacamos a importância de um planejamento de ensino da leitura adequado, que promova efetivamente a formação de leitores competentes.

Atividades

1. Classifique as sentenças a seguir como (V) verdadeiras ou (F) falsas:
   ( ) Elaborar uma lista, contendo as diferentes estratégias de leitura, pode auxiliar o professor a desempenhar projetos de leitura eficazes.
   ( ) Segundo os PCN, o professor deverá planejar atividades de leitura que promovam o acesso a materiais de leitura de diferentes gêneros textuais.
   ( ) O professor deverá promover ações que contribuam para a ativação do conhecimento prévio do leitor, a fim de melhor prepará-lo para a formulação das hipóteses do texto a ser lido.
   ( ) O papel do professor, como mediador, é garantir que, com o ensino das estratégias de leitura, os alunos seguirão a todos os procedimentos em ordem sequenciada durante o processo de ler.

A sequência correta é:

a. F, V, V, F.

b. F, V, V, V.

c. F, F, F, V.

d. V, V, F, F.

2. Com base na leitura do capítulo, escolha a alternativa que melhor define o conceito de estratégias de leitura:

   a. As estratégias de leitura podem ser definidas como um conjunto de habilidades, técnicas e procedimentos utilizados de forma consciente pelos leitores experientes.

   b. Uma sequência linear de procedimentos utilizados pelo leitor durante o processo de leitura.

   c. É um conjunto de ações aplicadas pelo leitor, de forma consciente, as quais contribuem para elevar o nível de compreensão do que é lido.

   d. As estratégias são um conjunto de procedimentos flexíveis utilizados pelo leitor, que o auxiliam a compreender melhor o que lê.

3. Os diálogos a seguir caracterizam os diferentes momentos do processo de leitura, tendo como propósito a prática das estratégias de leitura. Analise as ações e classifique-as em ANTES/DURANTE/DEPOIS da leitura:

a. (....................) PROFESSOR: *Primeiro, vamos ler o título do texto...*
PROFESSOR: *Que assunto este texto irá tratar?*

b. (....................) PEDRO: *O texto fala como podemos preservar os nossos rios.*
PROFESSOR: *Muito bem! Todos concordam? Essa é a ideia central.*
ALUNOS: *Sim!*

c. (....................) PROFESSOR: *Com base no texto, o que podemos fazer para preservar a qualidade de nossos rios?*
ANA: *Primeiro, não jogar lixo em nossos rios.*
PROFESSOR: *Alguém gostaria de fazer alguma pergunta sobre o texto?*
JOÃO: *O que acontece com a vegetação em torno dos rios poluídos?*

d. (....................) PROFESSOR: *Quem já viu um peixe-boi?*
PEDRO: *Eu já assisti a um filme que tinha um peixe-boi.*

ANA: *Eu tenho um livro que tem a foto de um peixe-boi.*

PROFESSOR: *Muito bem! Quem pode descrever um peixe-boi?*

JOÃO: *Ele é enorme, muito pesado e parece uma baleia.*

PROFESSOR: *Ok! Então, agora, vamos ler o seguinte texto...*

4. Agora, com base nas situações apresentadas anteriormente, identifique quais foram os procedimentos de leitura utilizados:
   a. ....
   b. ....
   c. ....
   d. ....

5. Identifique a alternativa que NÃO corresponde ao contexto de ensino das estratégias de leitura:
   a. A leitura compartilhada possibilita que não somente o professor assuma a posição de moderador durante o processo de leitura.
   b. A variação da ordem de aplicação dos procedimentos de leitura, como prever, ler, resumir e perguntar é recomendável.
   c. Com o intuito de estimular a leitura, o professor deverá sempre conduzir as etapas do processo de leitura a fim de garantir que seus alunos compreendam melhor o que leem.
   d. A busca pelo significado de um vocábulo no contexto da leitura é um exemplo de uma estratégia metacognitiva.

(8)

o ensino da leitura no contexto escolar

O fato da criança estar inserida numa cultura letrada tem uma influência positiva significativa em seu progresso em leitura nas primeiras séries escolares.
– Sylvia Terzi (2001, p. 14)

Neste capítulo, propomos a reflexão sobre a situação do ensino da leitura no âmbito escolar. Sabemos que é na escola que acontecem contatos muito importantes com os livros. Nesse sentido, o ensino da leitura deve ser priorizado por propostas que promovam uma aprendizagem significativa e que contribua para a formação de leitores. Iniciaremos com uma breve descrição de como se dá o ensino da leitura na escola e, a seguir, abordaremos aspectos necessários em projetos de leitura.

(8.1) Reflexões sobre a leitura na escola

O grande desafio lançado aos professores, de estimular e desenvolver o hábito da leitura em seus alunos, sempre envolveu um conjunto de obstáculos que vai além do simples ato de apresentar aos alunos uma lista de livros a serem lidos. Por muitos anos, os projetos de leitura tiveram como atividade principal a elaboração de uma listagem de livros, cuja leitura era obrigatória pelos alunos durante o ano letivo. Em muitos contextos escolares, essa prática foi mantida por vários anos e envolvia as diferentes séries da educação básica[a]. Havia uma grande preocupação em apresentar aos alunos os clássicos da literatura – obras que com o passar dos anos se tornaram referenciais e que contribuíam para a formação cultural. A escola, por meio de suas proposições didáticas para o ensino da leitura, deixou – assim permanecendo até hoje – de acompanhar as próprias evoluções da língua motivadas pelas diferentes gerações e, por esse motivo, não alcança grandes resultados no que tange ao estímulo à leitura. Esta ainda é entendida como tarefa escolar e, consequentemente, é encarada pelos alunos como uma obrigação. A dimensão de entretenimento atribuída à leitura é pouco trabalhada e não percebida como tal, principalmente pelos jovens em período escolar.

Os avanços na área da linguística ampliaram os olhares com relação à leitura. As diferentes concepções sobre a construção dos sentidos durante o ato de ler, o papel ativo do leitor na interação com o texto e o entendimento da leitura como um canal disponível para acessar conhecimentos de diversas áreas do conhecimento humano assumiram papel de destaque nos programas de formação de professores. Na verdade, o aprofundamento das teorias que detalham o processo de leitura trouxe para as salas de aula, principalmente na disciplina de Língua Portuguesa, uma nova sistemática para tratar as questões que envolvem as relações autor/texto/leitor. Na evolução da simples decodificação da língua escrita aos processos de construção da compreensão leitora, muitas propostas foram aplicadas e testadas por especialistas e professores. Entretanto, percebemos que o *status* conferido ao ensino da leitura na escola e os resultados do mapa da leitura em nosso país ainda estão bastante distantes do desejado. Diante desses resultados nada animadores no que diz respeito à leitura, alternativas de esfera pública têm sido constantemente lançadas com o objetivo de implementar uma política de ensino que priorize a leitura como condição fundamental na formação

a. A nomenclatura para definir a atual educação básica sofreu várias alterações, a saber: ginásio, curso clássico e científico, 1º e 2º graus e, atualmente, ensino fundamental e médio.

da cidadania. Segundo dados do Plano Nacional do Livro e Leitura (PNLL), o Brasil do século XXI ainda desponta com alto déficit de ações que promovam a prática da leitura de textos escritos, devido ao seu grande contingente de analfabetos (absolutos e funcionais). A pesquisa intitulada *Retratos da leitura no Brasil*, citada no PNLL, aponta o Brasil como um dos países com os menores índices de leitura de livros por ano, 1,8 livro em comparação com outros países de índices acima dos 5,0 livros/ano por habitante, no caso da França e Estados Unidos.

Nesse contexto, destacamos algumas metas traçadas pelo PNLL (Brasil, 2012) com o intuito de democratizar a leitura:

> *a) formar leitores, buscando de maneira continuada substantivo aumento do índice nacional de leitura (número de livros lidos por habitante/ano) em todas as faixas etárias e do nível qualitativo das leituras realizadas;*
> *b) implantação de biblioteca em todos os municípios do país (em até 2 anos);*
> *c) implementação e fomento de núcleos voltados a pesquisas, estudos e indicadores nas áreas da leitura e do livro em universidades e outros centros;*
> *[...]*
> *f) expansão permanente do número de salas de leitura e ambientes diversificados voltados à leitura;*
> *[...]*
> *j) aumento do número de títulos editados e exemplares impressos no país;*
> *[...]*
> *g) estimular a criação de planos estaduais e municipais de leitura (em até 3 anos);*
> *[...].*

Para exemplificarmos esses dados, destacamos a reflexão de Solé com relação à desvalorização da cultura e ações que justificam esse cenário desfavorável à formação de leitores competentes. Para Solé (1998, p. 33),

> *as frequentes referências da mídia aos poucos aficionados pela leitura existente em nosso país e a publicação de estatísticas de venda de livros e de jornais também constituem um claro expoente de que não utilizamos a leitura tanto quanto poderíamos e que, de qualquer forma, não lemos muito. Embora estes dados devessem ser adequadamente contratados, a verdade é que nos levam a questionar algumas práticas educativas que se realizam em nossa sociedade com relação à alfabetização.*

De certa maneira, é possível afirmar que a internet e seus inúmeros recursos possibilitaram aos jovens e aos seus usuários, de forma geral, uma maior aproximação com o texto escrito. Nesse contexto, quando precisamos nos informar sobre determinado assunto, basta um clique e pronto, um universo de possibilidades nos é oferecido. Obviamente que, como característica integrante de um leitor inteligente, é necessária a seleção do que é considerada uma fonte confiável de informação.

O dinamismo do mundo virtual estabelece um nível de vulnerabilidade das informações disponíveis na rede, ou seja, nem tudo que está na internet segue um padrão de qualidade. No entanto, a aproximação do leitor com os diferentes gêneros textuais disponíveis na rede mudou, sem sombra de dúvida, o seu comportamento. Contudo, tudo isso ainda não modificou o necessário para reverter as estatísticas desfavoráveis com relação à leitura em nosso país, apesar do contexto escolar, na qual os computadores e a internet já auxiliam os professores no planejamento de proposições didáticas que promovem a leitura, mas que ainda não são acessíveis à maioria nas escolas brasileiras. Solé (1998) destaca que o problema do ensino da leitura centra-se no próprio entendimento do que seja leitura, na avaliação desta pelos professores e o próprio *status* secundário que assume na maioria dos projetos pedagógicos. Em síntese, a leitura, tradicionalmente legitimada como uma tarefa escolar, precisa tornar-se uma atividade atrativa para os alunos. Atualmente, o mercado editorial oferece diversas opções de títulos nos variados gêneros textuais e muitas dessas opções podem estar associadas à utilização de outros recursos como filmes ou músicas, com a finalidade de complementar a atividade de leitura. Assim, acreditamos que a escola como um todo, representada pelo grupo de professores, equipe pedagógica, pais e demais apoiadores, precisa repensar suas propostas de incentivo à leitura e, mediante um planejamento coerente com as necessidades dos alunos e aportes teóricos atualizados, elevar os níveis de qualificação do ensino da leitura na escola.

(8.2) Fatores do planejamento de aula de leitura

Apresentamos, de forma prática e sintética, alguns fatores que envolvem um planejamento eficaz de aula de leitura e suas implicações metodológicas. O principal objetivo deste item é fornecer ao professor em formação parâmetros de referência para orientar o planejamento de suas propostas de leitura. Vejamos os principais fatores do planejamento de aula de leitura a seguir.

- Planos de aula: os planos representam uma forma organizada de o professor registrar as ações que desenvolverá durante a aula. O documento deve possuir uma natureza flexível, ou seja, possibilitar que o professor faça as adequações necessárias conforme às necessidades existentes. Esses ajustes podem significar omitir algum item, reordenar a sequência das ações previstas, substituir alguma das ações, entre outros. A elaboração do plano de aula possibilita ao professor pensar a sua aula com a finalidade de cumprir com os objetivos traçados. Ao mesmo passo em que o plano aponta para um direcionamento das ações a serem aplicadas, torna-se uma fonte de registro do que foi trabalhado na aula. Ele permite ao professor pensar o antes, o durante e o pós-aula, estabelecendo uma constante avaliação de sua prática didático-metodológica. Apresentaremos, no Capítulo 10, uma estrutura de plano de aula a título de exemplificação.

- Conhecimento da realidade: consideramos fator essencial que o professor conheça a realidade de seus alunos, como suas práticas de leitura, suas preferências, o próprio entendimento sobre leitura etc. Portanto, sugerimos a aplicação de um questionário, aqui chamado de *diagnóstico de leitura*, a fim de traçar um perfil de leitor dos alunos. Apresentaremos no Capítulo 10 um modelo desses perfis.
- Seleção de materiais: segundo recomendações dos Parâmetros Curriculares Nacionais (PCN), é importante que o professor contemple, em seu planejamento, a utilização dos diferentes gêneros textuais, pois eles apresentam diferentes formas de organização. Quanto à seleção dos textos, os PCN recomendam a escolha de materiais que, por suas características e usos, favoreçam a reflexão crítica e o exercício de formas de pensamento mais elaboradas e abstratas. Outro aspecto importante a ser considerado na seleção dos textos é com relação à complexidade linguística, ou seja, é importante que as atividades de ensino proponham um nível gradativo de complexidade, do mais simples para o mais complexo. Entretanto, não podemos subestimar a capacidade interpretativa dos alunos, propondo textos considerados extremamente fáceis para determinado grupo, não possibilitando, assim, nenhum desafio e, consequentemente, descaracterizando o ensino da leitura. Os PCN sugerem a seleção de textos a serem trabalhados em sala de aula, como notícias, editoriais, cartas argumentativas, artigos científicos, contos, romances, entre outros, que são alguns exemplos significativos, por representarem melhor a realidade social e o cotidiano escolar. O diagnóstico de leitura proposto no item anterior dará ao professor interessantes subsídios que o auxiliarão na tarefa de selecionar os textos adequados para o trabalho em sala de aula.
- Atividades: como o nosso enfoque é o ensino da leitura, o professor deverá ter um cuidado minucioso ao propor atividades que evidenciam a natureza interativa do modelo de leitura e a aplicação das estratégias de leitura que visam à construção da compreensão leitora. Os exercícios de previsão, formulação de hipóteses, identificação da ideia central, análise dos indicadores e/ou marcas

textuais e, por fim, elaboração de síntese sobre o que foi lido são etapas que devem estar presentes nas aulas de leitura.

- Materiais adicionais: outras fontes de materiais como filmes, ilustrações, músicas, objetos etc. podem ser utilizados pelo professor como uma estratégia para motivar os alunos para a leitura, ativar o conhecimento prévio e, até mesmo, agregar informações ao texto.

(8.3) Estratégias de leitura: uma abordagem metodológica

Já mencionamos, no Capítulo 6, sobre a necessidade de o professor adotar uma postura modelo enquanto ensina as estratégias de leitura para seus alunos. Na verdade, os educandos precisam entender como o leitor utiliza esse conjunto de ações para melhor compreender o que lê. Na perspectiva do ensino, não basta o professor aplicar as estratégias em conjunto com os seus alunos – ele precisa orientá-los a assumirem o controle da aplicação das estratégias durante o processo de leitura. Nesse sentido, focalizaremos como o professor poderá ensinar as estratégias de leitura no contexto sala de aula.

- Identificação da ideia central: Solé (1998) afirma que quando o professor pergunta aos alunos o que o autor quis dizer com este texto ou qual o aspecto mais importante deste texto, esses questionamentos procuram descobrir se os alunos foram capazes de identificar ou não a informação central. Ela adiciona que o avaliar substitui o ensinar, isto é, dessa forma, o professor não está ensinando a identificar a ideia central do texto. Portanto, o ideal seria orientar os alunos sobre o que compreende a ideia central e o quanto esta é essencial para ativar o conhecimento prévio, formular hipóteses e elaborar o resumo do que foi lido. A autora (Solé, 1998, p. 140) sugere as seguintes atividades que podem auxiliar o professor nessa tarefa complexa de ensinar como identificar a ideia central. São elas:

  - *Explicar aos alunos em que consiste a ideia principal de um texto e a utilidade de saber encontrá-la ou gerá-la para sua leitura e aprendizagem;*
  - *Recordar por que vão ler concretamente esse texto. Isso faz com que se reveja o objetivo da leitura e se atualizem os conhecimentos prévios relevantes em torno dele.*
  - *Ressaltar o tema e mostrar aos alunos se ele se relaciona diretamente aos seus objetivos de leitura, se os ultrapassa ou se lhes vai proporcionar uma informação parcial.*

- *À medida em que leem, deve informar aos alunos o que é considerado importante e por quê.*
- *No final da leitura, pode discutir o processo seguido. Se a ideia principal é produto de uma elaboração pessoal, isto é, se não se encontra formulada tal qual no texto, este é o momento de explicar a elaboração.*

As sugestões apresentadas têm como base a leitura de um texto já trabalhado previamente. Dessa forma, em uma leitura compartilhada, professor e leitor vivenciam as duas dimensões: a aplicação das estratégias com o objetivo de compreender melhor o que leem e a constituição das estratégias.

- Elaboração do resumo: Para a elaboração de um bom resumo, primeiramente é fundamental a identificação das ideias centrais e a vinculação dos objetivos da leitura e dos conhecimentos prévios. É uma sequência de informações que precisam estar interligadas. Nesse contexto, ensinar os alunos a elaborarem um resumo, não se restringe a reunir as ideias socializadas em conjunto após a leitura de um texto. Cooper, citado por Solé (1998, 147), sugere os seguintes passos:

  - *Ensinar a encontrar o tema do parágrafo e a identificar a informação trivial para deixá-la de lado.*
  - *Ensinar a deixar de lado a informação repetida.*
  - *Ensinar a determinar como se agrupam as ideias no parágrafo para encontrar formas de englobá-las.*
  - *Ensinar a identificar uma frase-resumo do parágrafo ou a elaborá-la.*

É fundamental que o professor auxilie o seu aluno não somente a utilizar as estratégias, mas a entendê-las de uma forma mais ampla, isto é, empregá-las com a finalidade de alcançar os objetivos de leitura estabelecidos.

- Formulação de perguntas e repostas: é a mais comum das estratégias. Após a leitura, os alunos já estão acostumados a responderem questionamentos acerca do que compreenderam com a leitura, pois, tradicionalmente, eles respondem aos questionamentos formulados pelo professor, que, com esse tipo de atividade, estará verificando as informações compreendidas com o texto. A complexidade está em ensinar os alunos a formularem perguntas pertinentes acerca da compreensão realizada. Pearson e Johnson, citados por Solé (1998, p. 156), e também Raphael, citado no mesmo estudo, apresentam as seguintes classificações:

- *Perguntas de resposta literal. Perguntas cuja resposta se encontra literal e diretamente no texto.*
- *Perguntas para pensar e buscar. Perguntas cuja resposta pode ser deduzida, mas que exige que o leitor relacione diversos elementos do texto e realize algum tipo de inferência.*
- *Perguntas de elaboração pessoal. Perguntas que tomam o texto como referencial, mas cuja resposta não pode ser deduzida do mesmo; exigem a intervenção do conhecimento e/ou a opinião do leitor.*

O objetivo do professor em ensinar a formulação de perguntas não consiste somente em possibilitar que os alunos respondam a questionamentos sobre o que leram. Na verdade, esse processo aponta para uma dimensão de construção da compreensão leitora. O aluno, para formular perguntas conforme as classificações apresentadas, necessita de um maior envolvimento com o texto, pois ele precisará compreendê-lo de forma detalhada. As perguntas de ordem pessoal são bastante comuns e representam um ótimo exercício de reflexão, pois revelam um posicionamento pessoal a respeito do que foi compreendido, isto é, a compreensão construída é a base para a formulação dos questionamentos. Finalizamos este item destacando a reflexão de Solé (1998), que fala sobre a flexibilidade que o professor pode atribuir ao processo, deixando de seguir roteiros já estabelecidos, como perguntar sempre após a realização da leitura. A autora acrescenta que, com a prática de formular perguntas, os alunos poderão agregar o autoquestionamento, mesmo durante a leitura, o que contribui para elevar o nível de concentração nessa atividade, podendo resultar em aspectos diferenciados com relação à construção da compreensão leitora.

Mediante as reflexões expostas, reforçamos a necessidade de os professores repensarem o seu planejamento de leitura. As práticas de leitura devem ocupar um espaço de destaque no planejamento anual do professor. A leitura deve ser ensinada, a fim de atribuir à prática do leitor uma nova concepção do que é ler. Os alunos precisam se envolver na leitura por inteiro, assumindo uma postura consciente de seus objetivos, por meio de um papel ativo na construção dos sentidos.

Atividades

1. Classifique as sentenças a seguir como (V) verdadeiras ou (F) falsas:
   ( ) O plano de aula de leitura visa orientar o professor a executar a sequência adequadas das ações de leitura.
   ( ) Na seleção dos textos, o professor deverá priorizar o gênero textual que melhor se aproxima da realidade de leitura dos alunos.
   ( ) A elaboração do resumo contribui para que o alunos identifiquem a ideia central do texto.
   ( ) As atividades de leitura propostas devem promover a aplicação das diferentes estratégias de leitura.

   A sequência correta é:
   a. V, F, V, V.
   b. F, V, V, V.
   c. V, F, F, V.
   d. F, F, F, V.

2. Segundo o texto deste capítulo, a leitura ainda não alcançou um *status* desejado devido à:
   a. inexistência de programas de incentivo à leitura.
   b. infraestrutura inadequada das escolas.
   c. concorrência com outras fontes de comunicação como a televisão, o cinema e a internet.
   d. concepção limitada de leitura, traduzida pelas atividades de leitura que não promovem a construção de sentidos na interação leitor/texto.

3. Identifique a alternativa que NÃO corresponde à recomendação quanto à seleção de materiais proposta pelos PCN:
   a. A diversificação dos gêneros textuais.
   b. Textos com o mesmo nível de complexidade linguística, ou seja, condizentes à competência linguística dos alunos.
   c. Temáticas que estejam ligadas ao dia a dia dos alunos.
   d. Desenvolver a criticidade dos alunos por meio das propostas de leitura.

4. Segundo o texto, a principal causa do fracasso do ensino da leitura na escola concentra-se:
   a. no número reduzido de bibliotecas públicas e escolares.
   b. no planejamento inadequado das aulas de leitura.
   c. no entendimento do que é leitura por parte dos professores.
   d. na seleção dos materiais de leitura.

5. Com base no texto, destaque a principal vantagem do professor em estabelecer um diagnóstico de leitura dos seus alunos:
   a. Coletar maiores subsídios para o planejamento das atividades de leitura.
   b. Organizar os planos de aula.
   c. Conhecer os hábitos de leitura dos alunos.
   d. Selecionar temáticas de interesse dos alunos.

(9)

Formação do leitor

Formar leitores é algo que requer condições favoráveis, não só em relação aos recursos materiais disponíveis, mas principalmente, em relação ao uso que se faz deles nas práticas de leitura.

– PCN, Língua Portuguesa, 3º e 4º ciclos (1998, p. 71)

Vivemos um momento de pouca leitura por parte de nossos alunos. Entre as várias atividades de entretenimento, certamente a leitura não ocupa o primeiro lugar na preferência dos jovens. Neste capítulo, vamos analisar as razões que levam a esses problemas e iremos sugerir algumas atividades para formar o leitor de amanhã.

(9.1) Contexto social dos jovens estudantes

Ler é uma atividade que exige concentração e sossego. Não conseguiremos compreender e interpretar o que estamos lendo em lugares barulhentos, com pouca iluminação. Não há dúvidas que um livro pede dedicação para quem está com ele.

Nossos jovens, principalmente a partir do sexto ano (antiga quinta série), estão vivendo em um mundo em que as informações e os atrativos são rápidos, variados e descartáveis. Se olharmos o mundo que tínhamos no passado, compreendemos por que os jovens eram leitores e escritores mais vorazes. Há não muito tempo não havia internet, *shopping centers*, programas tão atrativos na televisão como temos agora. Os jovens de um passado recente tinham poucas opções, logo, ler ajudava a descobrir um mundo do qual só tínhamos notícias por jornais e revistas.

Também a postura e as fases de crescimento e amadurecimento eram outras. As crianças eram crianças por mais tempo do que hoje. A adolescência chegava bem mais tarde, uma vez que os meios de comunicação não tinham uma influência tão grande na sociedade. No mundo atual, programas de televisão incentivam crianças de 10 anos a se tornarem pré-adolescentes, preocupadas com o vestir, maquiar, comprar e fazer. Não existem, em grande parte das programações da TV aberta brasileira, programas que incentivem o hábito da leitura. Sendo assim, torna-se cada vez mais raro encontrar alguém que mergulhe no mundo das palavras.

Além de tudo isso, temos os estereótipos criados pela mídia. Os jovens que vão ao *shopping centers*, as "patricinhas"[a] ou os "mauricinhos"[b] que estudam pouco, são os modelos de modernidade que, segundo os meios de comunicação, devem ser seguidos. Já o aluno estudioso e leitor é o chato, aquele de quem todos devem fugir, pois este não é nem um pouco interessante. Na crônica *O chato*, Martha Medeiros (2006, p. 36-37) conta que uma mãe a abordou e disse que seu filho adorava ler. Relatou que ele adorava literatura e poesia e que não conseguia pegar no sono sem a companhia de um bom livro. Essa mãe, no entanto, teve a preocupação de dizer que o filho, embora tenha o hábito da leitura, não é chato. A partir dessa afirmação, Martha questiona o que é ser chato. Mostra que qualquer um pode ser chato, e que pessoas que gostam de leitura são as mesmas que vão às festas, gostam de sair e ter amigos. A cronista deixa bem claro que sempre classificamos aquele que lê e gosta de poesia como um chato.

a. Patricinhas: meninas que se preocupam com futilidades e com o mundo *fashion*.

b. Mauricinhos: meninos que se preocupam com futilidades e com o mundo *fashion*.

Quem inventou isso? Basta olharmos para os programas direcionados para os jovens que vamos encontrar esse tipo *nerd*[c] sendo rejeitado por todos os outros que são descolados e, é claro, não leem.

Outro fator que ajuda os nossos jovens a não ler é a postura dos pais. Antigamente, o homem trabalhava e a mulher ficava em casa, cuidando dos filhos. Logo, a televisão não era uma "babá eletrônica", pois os horários para ficarmos em frente ao aparelho eram combinados e poucos. À noite, o pai ou a mãe liam histórias para seus filhos antes destes dormirem, uma vez que não havia DVDs e videocassetes para fazerem as crianças pegarem no sono. Hoje temos pais e mães que trabalham muito para saciarem todas as necessidades consumistas impostas pelos meios de comunicação e que, por isso, deixam seus filhos nas mãos de babás e em escolinhas ou creches lotadas de pessoas, com profissionais pouco preparados. Nesse contexto, são raros os casos em que a televisão e os DVDs não sejam os companheiros mais constantes das crianças. Quando os pais chegam em casa à noite, exaustos e preocupados com os problemas cotidianos, não têm mais paciência para ler vários livrinhos para os filhos dormirem. Sem opção, as crianças se apegam, novamente, à televisão, e os adolescentes, à internet.

Sem sombra de dúvida, a internet tem um papel muito importante nesse contexto de pouca leitura. Nossos jovens preferem ficar horas em *sites* de relacionamento, comunicando-se por meio do teclado e usando, para isso, o "internetês"[d]. Além disso, a rede mundial de computadores trouxe o mundo para dentro de casa. Acompanhamos as notícias e os fatos em tempo real, com a vantagem de tudo vir acompanhado de inúmeras imagens coloridas e grandes. Se observarmos os *sites* destinados aos jovens, vamos perceber que não há muito texto, mas grandes e atraentes fotos, figuras e imagens. Não há, então, chance para a leitura de um livro, pois este tem muito texto e pouca imagem.

Temos de, por fim, falar da escola como não formadora de leitores, pois basta procurarmos os projetos pedagógicos das instituições de ensino para percebermos os poucos ou inexistentes projetos de leitura. Não há, nem por parte da coordenação pedagógica nem por parte dos professores, uma preocupação em fazer atividades que incentivem o hábito da leitura. Além disso, vivemos um momento tão grave no que se refere à leitura, que chegamos a ter em sala de aula professores que não gostam de ler nem de escrever. Muitos dizem que

c. *Nerd*: meninos e meninas estudiosos e despojados de modismo.

d. Internetês: linguagem usada na internet, que visa à comunicação mais rápida. Por isso, há apagamento de vogais e as palavras são escritas pela metade.

não são professores de literatura, por isso não têm a obrigação de serem leitores. No entanto, quem escolhe a carreira relacionada ao ensino tem de estar consciente de que gostar de ler e ler vários livros são pré-requisitos básicos. Como pode um professor incentivar um aluno a ser leitor se ele mesmo não lê? Como pode um professor formar um escritor quando ele mesmo, pela falta de leitura, não escreve bem?

São esses professores que desconhecem a grande e valiosa gama de obras existentes na literatura infanto-juvenil. Quando obrigados a indicar um livro para os alunos lerem, indicam, para um sétimo ano, Machado de Assis e José de Alencar. Não há dúvidas da qualidade desses dois escritores brasileiros, mas temos de ter consciência que eles não são adequados para pré-adolescentes, tendo em vista o conhecimento de mundo deles. Sobre isso, escreve Bruno Miquelino da Silva (2005, grifo nosso):

> *A nossa literatura carece de grandes autores que saibam tecer bem histórias sobre nada. Pode soar estranho ou até mesmo paradoxal, mas assim se atingirá uma gigantesca parcela da população que ainda não começou a enveredar pelos deliciosos caminhos literários.*
>
> *Infelizmente, como se sabe, o brasileiro lê pouco e em grande parte por causa dessa falta de escritores nacionais que saibam escrever sobre temas corriqueiros, mas agradáveis ao leitor. As novelas estão aí para provar. Cada vez mais aumenta o número de telespectadores que assistem a elas na ânsia de se entreterem com uma grande quantidade de nada. É claro que há aí, nesse contexto, uma gana por contemplar uma vida às vezes tão distante da real ou às vezes tão próxima dela. Mas há, também, essa grande vontade de entreter-se com nada. De não ter que pensar, talvez não por preguiça, mas sim como uma válvula de escape ao estresse diário.*
>
> *[...]*
>
> *Precisamos nos orgulhar dos nossos bons escritores e livros sobre nada. Paulo Coelho é um herege, um Judas para a crítica tupiniquim. Por outro lado, J. K. Rowling, a autora de* HARRY PORTER, *é uma deusa na Inglaterra. Pois será que o nosso escritor precisaria ter criado um bruxinho de vassoura e varinha para ser agraciado? Ou será que só o fato de ele escrever para o entretenimento e com isso levar a literatura brasileira, não só aos nossos pequenos leitores, mas ao mundo, não seria o suficiente? Ninguém começa a ler por* MACUNAÍMA. *Precisamos nos conscientizar disso. Há um longo caminho até a chegada do gosto e prazer pela leitura de Mário de Andrade, por exemplo.*
>
> *Não afirmo, porém, que devemos nos limitar apenas à literatura infanto-juvenil ou à voltada para o entretenimento pura e simplesmente. Obviamente, é necessário também uma carga cultural intrínseca.*

Deve-se, sim, continuar a aumentar nosso acervo preeminente, mas se não houver uma importante reflexão sobre como instigar a leitura nos jovens, boa parte da população brasileira viverá (ou continuará a viver) às margens da cultura literária. E os videogames *venderão cada vez mais!*

A seguir, trataremos dos fatores que propiciam a formação do leitor, que complementa o texto anteriormente lido.

(9.2) Fatores que propiciam a formação do leitor

A questão é COMO FORMAR UM LEITOR. É claro que, como tudo que é importante nas nossas vidas, essa formação deve começar em casa. No entanto, por motivos estudados nesta obra, isso não tem ocorrido, tornando-se imprescindível que a escola, na pessoa do professor, tome essa tarefa para si.

O primeiro passo é sabermos algumas das razões que motivam ou não uma pessoa a ler. Segundo Bamberger (2004, p. 33), as conclusões listadas na sequência são as que mais aparecem em pesquisas a respeito do tema:

> *a) A primeira motivação para ler é simplesmente a alegria de praticar habilidades recém-adquiridas, o prazer da atividade intelectual recém-descoberta e do domínio de uma habilidade mecânica. Se o professor responder a essa motivação com material de leitura fácil, emocionante, apropriado ao grupo de idade específico, e desenvolver esse primeiro material com livros de dificuldade crescente, as crianças se tornarão bons leitores. Um bom leitor gosta de ler.*
> *b) A leitura impulsiona o uso e o treino de aptidões intelectuais e espirituais, como a fantasia, o pensamento, a vontade, a simpatia, a capacidade de identificar etc. Resultado: desenvolvimento de aptidões, expansão do "eu".*
> *c) A leitura suscita a necessidade de familiarizar-se com o mundo, enriquecer as próprias ideias e ter experiências intelectuais. Resultado: formação de uma filosofia da vida, compreensão do mundo que nos rodeia.*
> *d) Tais motivações e interesses íntimos, geralmente não percebidos conscientemente pela criança, correspondem a concepções definidas de sua experiência: prazer ao encontrar coisas e pessoas familiares (histórias ambientais) ou coisas novas e não familiares (livros de aventuras), desejo de fugir da realidade e viver num mundo de fantasia (contos de fada, histórias fantásticas, livros utópicos), necessidade de autoafirmação, busca de ideais, conselhos (não ficção), entretenimento (livros de esportes etc).*

Os dados apresentados mostram que lemos por razões diversas e que quase todas elas estão relacionadas à construção do EU e do mundo que nos cerca. Sabendo disso, o professor deve selecionar livros adequados aos vários tipos de leitor que temos em sala de aula. Segundo Bamberger (2004, p. 36), temos o tipo ROMÂNTICO, que gosta de enredos mágicos e cheios de amor; o tipo REALISTA, que é justamente o contrário do tipo romântico; o tipo INTELECTUAL, que busca na leitura as respostas para os problemas do mundo; por fim, o tipo ESTÉTICO, que gosta da forma como a mensagem é apresentada. Geralmente gosta de poesias, uma vez que estas têm ritmo, rima e métrica.

O que fazer com todos esses tipos em sala de aula, quando temos que escolher um livro para todos? O primeiro passo é o professor conhecer o tipo predominante em sala de aula. Podem ser feitas duas pesquisas, ambas rápidas. A primeira seria listar cada um dos tipos, explicando-os. Os alunos devem marcar o tipo com o qual se identificam. Outra forma é listar uns cinco livros característicos de cada tipo e, sem que eles saibam, pedir que marquem os livros que gostariam de ler. É claro que não vamos conseguir atender a todos, mas podemos satisfazer a maioria, escolhendo conteúdos de acordo com os tipos. Também o professor pode, depois da pesquisa, explicar a questão dos tipos de leitores e propor que eles leiam obras que sejam próprias dos outros tipos, a fim de enriquecer o conhecimento adquirido na escola.

Assim como há tipos de leitores, existem tipos de leituras. Segundo o autor usado neste capítulo, Bamberger (2004, p. 41-42), temos a LEITURA INFORMATIVA, própria dos adultos, que tem como objetivo principal informar o leitor acerca das coisas do mundo. Outro tipo é a LEITURA ESCAPISTA, própria de crianças, tendo em vista que proporciona ao leitor viver num mundo sem limites. A LEITURA LITERÁRIA permite um reconhecimento simbólico acerca dos acontecimentos ocorridos no dia a dia, enquanto que a LEITURA COGNITIVA leva à compreensão do todo, uma vez que o conteúdo está relacionado a um tipo de saber.

Podemos ter todos esses tipos em sala de aula, desde que o tema se adapte à faixa etária. Alunos de todas as séries podem e devem ter conhecimento dos tipos de leitura citados anteriormente, bem como saber que tipo de leitor ele é, para que também saiba se centrar.

Existem, também, as fases da leitura, que ajudam o professor a escolher o livro ideal para os alunos. A primeira é IDADE DOS LIVROS DE GRAVURA E DOS VERSOS INFANTIS, que ocorre quando a criança está entre 2 e, aproximadamente, 6 anos. Nesse período, as gravuras e versinhos chamam a atenção, uma vez que o pequeno leitor não faz muita distinção entre o mundo interior e o exterior, embora a criança faça essa separação ainda durante essa fase. A fase seguinte é a IDADE DOS CONTOS DE FADA (entre 5 e, aproximadamente, 9 anos), pois a criança está muito ligada à fantasia. Os contos de fada apresentam ambientes familiares e os personagens executam ações que fogem da realidade. Um exemplo muito claro é a história da *Cinderela*, tendo em vista que muitos alunos são filhos de pais separados. Geralmente, quando o pai se casa, os filhos do primeiro casamento têm dificuldades de se adaptar à nova pessoa, passando a se sentir rejeitados dentro da casa onde mora o pai, assim como Cinderela. A diferença é que eles não têm uma fada madrinha para resolver essa situação, como acontece com a personagem (Bamberger, 2004, p. 34-35).

A terceira fase, a IDADE DAS HISTÓRIAS "AMBIENTAIS" OU DA LEITURA "FATUAL" (entre 9 e 12 anos), ocorre quando a criança começa a questionar o mundo em que vive. Ainda que goste de contos de fadas, histórias de cunho aventuroso começam a ser lidas. No entanto, é na fase da IDADE DA HISTÓRIA DE AVENTURAS: REALISMO AVENTUROSO OU FASE DE LEITURA NÃO PSICOLÓGICA ORIENTADA PELO SENSACIONALISMO (entre 12 e, aproximadamente, 15 anos), que os livros de aventuras, viagens, romances sensacionais começarão a ser lidos, uma vez que, como adolescentes, começam a ter consciência da própria personalidade. A última fase é chamada de OS ANOS DE MATURIDADE OU O DESENVOLVIMENTO DA ESFERA ESTÉTICO-LITERÁRIA DA LEITURA (entre 14 e 17 anos), e nela, além dos livros lidos na fase anterior, somam-se aqueles que têm um conteúdo mais intelectual.

Para todas essas fases, existem bons livros infanto-juvenis brasileiros, que dão conta das necessidades vividas em cada uma delas. O que precisamos cuidar, também, são de alguns fatores que atrapalham a construção do leitor. Nos ensinos fundamental e médio, os livros precisam ter uma fonte de tamanho razoável, porque o aluno já se angustia quando vê uma fonte muito pequena e um livro com uma quantidade de páginas muito grande. Nem mesmo no nível superior os alunos, quando precisam fazer leituras extras, que fogem do conteúdo, gostam disso. A leitura fica infinitamente mais difícil quando o livro tem fonte pequena e espaçamento simples. O tempo que damos para a leitura também é importante, porque precisamos considerar que existem outras atividades dentro e fora da escola que ocupam o tempo do aluno. Exigir uma leitura semanal ou quinzenal vai fazer com que eles não consigam ler com capacidade para compreender e interpretar.

Quando lemos textos em sala de aula, devemos pedir ao aluno que ele leia em voz alta somente depois que ele já leu o texto em silêncio. É muito difícil ler para uma turma inteira algo desconhecido, o que faz do erro na pronúncia e pontuação algo sempre presente no decorrer da leitura. O aluno precisa se preparar, assim como o professor precisa ter lido muito bem o texto em casa para ler ao aluno. Não adianta pedirmos para eles lerem em voz alta se nós nunca lemos para eles. Também pedir para que o aluno explique o assunto do texto ou o que compreendeu deste, assim que terminou de ler em voz alta, é delicado. Quando lemos para um grupo, estamos preocupados em acertar a leitura, e não em ficarmos entendendo o sentido do texto.

Sair da sala de aula e levá-los a ambientes que possuem contato com a leitura é muito saudável na construção do leitor. Feiras de livros, bibliotecas públicas e sessões de autógrafos fazem com o que aluno se sensibilize com o ato de ler. É necessário que os futuros leitores percebam que a nossa vida está cheia de leituras e que elas nos ajudam a entender o mundo. Não devem ver o ato de ler como uma tarefa desagradável, que precisa ser cumprida para tirar nota.

Precisamos refletir acerca da briga que a maioria dos professores estabelece com os computadores, amplamente usados pelas crianças e adolescentes. Precisamos ver que a leitura *on-line* é extremamente importante e real na vida do jovem. Em vez de ficarmos brigando com os *sites* de relacionamento, por que não incentivamos a escritura e leitura de poesias postadas por eles? Frank Smith (1999, p. 155) explica da seguinte forma a leitura *on-line*:

> *Milhões de escritores reais ou potenciais da Internet estão contando as histórias de suas vidas, reais ou imaginárias e falando de suas esperanças e temores, verdadeiros e fictícios. Nunca houve uma linha divisória clara entre a realidade e a fantasia, o fato e a ficção, o desejo e o medo, a intenção e o ato, a observação e a participação, e as distinções podem desaparecer completamente com a escrita espontânea, com a leitura instantânea e com as perspectivas ilimitadas de assuntos e experiências na Internet. Em princípio, todos podem ler tudo e interagir com todos. A quantidade de material que poderia ser lido – e lido com* UTILIDADE *– pode superar a imaginação. Mas os textos impressos têm sido produzidos com uma abundância maior do que a possibilidade de que alguém os lesse durante séculos. A tecnologia eletrônica simplesmente torna a escolha ainda maior – e a tarefa de descobrir e localizar algo* REALMENTE *interessante ainda mais difícil.*

Smith (1999) não exclui a leitura *on-line*, apenas a soma com as outras já existentes. A postura do teórico é a adotada por muitos outros, que já entendem que não há volta do ponto ao qual chegamos. Tudo depende da internet, logo, não devemos tratá-la como inimiga, mas como aliada. Pesquisas em *sites* que tratam dos mais diversos assuntos fazem com que nossos alunos leiam conteúdos, só que não na forma tradicional. Dessa maneira, o autor se pergunta se

Haverá novos tipos de leitura? Há o HIPERTEXTO, *que é uma aglomeração de texto que fica cada vez maior, sem início, meio ou fim, que você pode começar a ler em qualquer ponto, pular para novos assuntos sempre que assim o desejar e parar no momento que quiser. Não há um "caminho certo" de leitura para esse material, nunca duas pessoas o lerão da mesma maneira. As enciclopédias, dicionários e listas telefônicas sempre foram organizadas sobre uma base não narrativa – você lê um item e o seu interesse pode levá-lo a novos assuntos em qualquer lugar do livro, antes ou depois do ponto onde você está e depois de outros. Não há diferença nenhuma em comportar-se dessa maneira eletronicamente, exceto que a gama de escolhas é sempre muito maior (incluindo narrativas e outros tipos de texto) e que a facilidade com que você pode mudar para novas áreas é muito maior. Como resultado, você sempre tem probabilidade de encontrar algo que você não estava procurando ou que não previu e que, possivelmente, não quer. Os leitores experientes sempre têm "folheado"e "escaneado", agora existe o "surfar", análogo à estimativa em cálculo, que leva a um resultado aproximado sem que se desenvolva um trabalho cuidadoso com relação a todos os detalhes.* (Smith, 1999, p. 155)

Tendo essa consciência, o professor pode inovar sempre em sala de aula a fim de formar o leitor. Atividades com o computador ajudam também a formar o escritor, quando propomos que eles façam histórias que sejam publicadas no *site* da escola ou do professor, quando o próprio professor manda *e-mail* com alguma atividade de escrita e leitura ou quando é formada uma comunidade nos *sites* de relacionamento que tenham como tema a leitura e a escrita. Tudo, é claro, dependerá do conhecimento que o próprio professor tem acerca do computador e também da infraestrutura da escola.

A verdade é que a formação do leitor passa somente por um grande conhecimento do professor a respeito de leitura e suas implicações para a turma que tem. Não há uma fórmula certa, apenas conhecimento, boa vontade e sensibilidade por parte do educador.

Atividades

1. Por *hipertexto*, segundo Smith (1999), devemos entender:
   a. um texto único, com início, mas sem meio e fim.
   b. uma aglomeração de texto que fica cada vez maior, sem início, meio ou fim, que você pode começar a ler em qualquer ponto, pular para novos assuntos sempre que assim o desejar e parar no momento que quiser.

c. uma aglomeração de texto que fica cada vez maior, com início, meio ou fim, que você pode começar a ler em qualquer ponto, pular para novos assuntos sempre que assim o desejar e parar no momento que quiser.
d. uma aglomeração de texto que fica cada vez maior, sem início, meio ou fim, que você pode começar a ler em qualquer ponto, mas não pode pular para novos assuntos sempre que assim o desejar e parar no momento que quiser.

2. Leitor estético é aquele que:

a. gosta de material instrutivo.
b. gosta de se informar a respeito do mundo.
c. se preocupa e se afiniza com a forma como a mensagem é apresentada.
d. gosta de enredo com temas fantásticos.

3. A fase da leitura chamada *idade dos contos de fada* se caracteriza por ser aquela:
a. que tem ambientes conhecidos pelo leitor, com personagens de um mundo distante de maravilhas.
b. que tem livros com assuntos de aventuras.
c. em que o adolescente toma consciência de sua personalidade.
d. em que além dos livros de aventura, soma-se os livros de literatura informativa, relacionados com temas voltados para a vocação.

4. Leitura escapista é aquela que:
a. permite ao leitor se informar acerca do mundo que o cerca.
b. permite ao leitor um reconhecimento simbólico para os acontecimentos cotidianos.
c. permite ao leitor conhecer e compreender o mundo.
d. permite ao leitor escapar da realidade, por meio de enredos que façam a pessoa viver fora dos limites.

5. O computador deve, em sala de aula, ser:
a. ignorado, pois estimula o uso do "internetês".
b. usado como um instrumento para estimular a leitura e a escritura.
c. usado somente para digitação de trabalhos.
d. usado somente para jogos.

(10)

Oficina de leitura: uma proposta metodológica entre teoria e prática

Não podemos duvidar de que a nossa prática nos ensina. Não podemos duvidar de que conhecemos muitas coisas por causa de nossa prática. Não podemos duvidar, por exemplo, de que sabemos se vai chover ao olhar o céu e ver as nuvens com uma certa cor. Sabemos até se é chuva ligeira ou tempestade a chuva que vem.
– Paulo Freire (2003, p. 13)

O objetivo deste capítulo é propor aos acadêmicos do curso de Letras, futuros professores de Língua Portuguesa, a possibilidade de aliar os conhecimentos adquiridos por meio de uma aprendizagem significativa na prática. É chegada a hora de você vivenciar, com os seus alunos, o ensino das estratégias de leitura. Nesse sentido, com base na organização de natureza teórico-prática da disciplina, propomos o planejamento e aplicação de uma oficina de leitura em instituições de ensino de educação básica. As horas destinadas ao planejamento e execução da atividade serão computadas para o cumprimento do dispositivo legal que prevê a prática de ensino com o integrante ao longo do curso de formação de professores.

(10.1) Orientações gerais

As orientações a seguir têm como objetivo lhe fornecer o suporte necessário para o planejamento e desenvolvimento de sua oficina de leitura. Os passos foram cuidadosamente pensados, a fim de tornar a sua inserção docente um aprendizado significativo.

a. A seleção da escola

Você deverá procurar uma escola de educação básica, ensino fundamental e/ou médio, no local de melhor conveniência para você, e solicitar a autorização para a aplicação de uma oficina de 15 horas-aula (15h/a), que tem como enfoque metodológico o ensino das estratégias de leitura. Conforme tratativas com a equipe pedagógica e/ou professor titular de Língua Portuguesa da escola, a oficina poderá ser realizada como uma atividade extraclasse ou junto a uma turma do ensino fundamental e/ou médio em turno e horário regulares das aulas de Língua Portuguesa.

b. O projeto de uma oficina de leitura

Com base nos conteúdos abordados nesta obra, você deverá realizar o planejamento de uma oficina de leitura, respeitando os itens essenciais para tal atividade, sob a orientação e supervisão de seu tutor. O projeto da oficina deverá conter os seguintes passos: os objetivos (gerais e específicos), a contextualização da escola na qual será desenvolvida a atividade, um breve referencial teórico focalizando a concepção de leitura norteadora do projeto, um cronograma de atividades, resultados a serem alcançados com a execução e referências.

(10.2) Planejamento das aulas de leitura

Muitas pessoas podem pensar que o ato de ensinar acontece de forma natural e que, para isso, basta um espaço físico, um grupo de alunos interessados em aprender e um professor com a melhor intenção de "transmitir" os conhecimentos acumulados durante o período de formação acadêmica. Entretanto, aulas bem-sucedidas são resultados de um planejamento eficaz, ou seja, a construção de atividades que traduzem os princípios de uma prática pedagógica consistente. Nesse sentido, salientamos a importância da construção de um planejamento sólido, constituído por meio dos conhecimentos específicos da área a ser ensinada e de princípios metodológicos norteadores.

a. Planos de aula

Após obter autorização da escola para realização da oficina e aprovação do projeto, você deverá iniciar o seu planejamento de aula. O plano de aula deverá corresponder a cada encontro que você terá com os alunos, ou seja, a descrição das atividades que foram planejadas para aquele encontro. Vejamos os itens que compõem o plano de aula:

- dados de identificação (turma, série, data, escola etc.);
- objetivos específicos da aula;
- conteúdo das estratégias de leitura a ser trabalhado;
- materiais usados na aula;
- procedimentos (descrição das atividades a serem desenvolvidas);
- cenário (onde as tarefas vão ser desenvolvidas e a forma de interação);
- resultado esperado;
- anexos: material distribuído aos alunos.

Salientamos que os planos de aula precisam ser verificados e aprovados pelo seu tutor. Eles têm como objetivo a possibilidade de você pensar o antes, o durante e o pós-aula.

b. Diagnóstico de leitura

Como já definimos no Capítulo 2, o conhecimento da realidade de leitura fornece ao professor importantes subsídios para o planejamento dessa atividade. Sendo assim, é aconselhável que você aplique um questionário com os seus alunos na primeira aula. Apresentamos, a seguir, algumas perguntas relevantes:

- Que tipo de texto você costuma ler?
- Você costuma ler por prazer (lazer) ou por necessidade? Por quê?
- Seus pais ou familiares costumam ler jornais em casa? Leem livros regularmente? Revistas?
- Você gosta de ler? Por quê?
- Nas aulas de português, você costuma ler muitos textos? De que tipo?
- Você aprendeu a ler com algum parente ou na escola?

- Você acha importante ler? Acha que a leitura pode auxiliá-lo em sua vida?
- O que é leitura para você? Dê um conceito.
- Você tem alguma atividade que gosta de fazer antes de iniciar a leitura do texto? Qual seria?
- O que você gostaria de ler durante a oficina de leitura?

Com os questionários respondidos, você deve esboçar um perfil da turma. As informações serão fundamentais para a escolha dos textos a serem trabalhados.

c. Seleção dos materiais

A seleção dos materiais é uma etapa fundamental no planejamento de atividades de leitura. Sugerimos que estabeleça os seus objetivos de forma clara. Você precisará refletir sobre a seleção dos materiais, os quais disponibilizará para a leitura. Caso contrário, poderá comprometer a própria eficácia da sua metodologia de ensino. Destacamos alguns possíveis questionamentos a seguir:

- Quais são os meus objetivos com esta oficina/aula?
- As temáticas propostas pelos textos são de interesse dos alunos?
- Quais estratégias de leitura eu pretendo ensinar com determinada atividade/texto?
- Este texto possibilita que o aluno reflita sobre os procedimentos adotados durante o processo de leitura?
- Este texto pressupõe uma reflexão com o intuito de ativar o conhecimento prévio?

Durante a seleção dos materiais, não se esqueça de estabelecer uma escala de complexidade linguística crescente, ou seja, textos que apresentam níveis de compreensão simples, média e elaborada. Essa atitude metodológica possibilitará que os alunos percebam o próprio progresso na utilização das estratégias de leitura durante o processo.

d. Atividades propostas

O planejamento das atividades deve revelar a concepção de leitura adotada como norteadora em seu projeto. Portanto, em uma perspectiva interativa, é importante verificar se, com a aplicação das diferentes atividades, os alunos estarão em contato com o conjunto de procedimentos que envolvem o ensino da leitura.

Cabe salientar que você, professor, é o modelo referencial de leitura para os seus alunos. Nesse sentido, assim como propor atividades que promovam a aplicação das estratégias de leitura, deverá demonstrá-las por meio de uma perspectiva prática. Por esse motivo, deve analisar e questionar se com essa atividade os alunos serão capazes de estabelecer previsões, formular hipóteses, destacar a ideia central, formular perguntas/respostas e elaborar um resumo do que foi lido. Enfim, a aula de leitura deve contemplar atividades que caracterizam o antes, o durante e o depois da leitura.

(10.3) Relatório

Como toda atividade prática, prevemos o registro da oficina por meio da elaboração de um relatório. Segue uma sugestão para a elaboração do documento (Butt, 2006):

- capa;
- sumário;
- dados de identificação (acadêmico e escola);
- questionário diagnóstico de leitura (síntese dos dados em forma de texto);
- descrição da oficina (objetivo geral/específico e cronograma das aulas);
- planos de aulas;
- relato das aulas;
- conclusão;
- referências bibliográficas;
- anexos.

O ato de registrar as atividades que compõem uma prática docente possibilita que o acadêmico/professor não somente reflita sobre a forma de ensinar, mas que também sistematize a experiência vivenciada por meio dos conceitos teóricos construídos. Tornar-se professor representa uma construção profissional constante, pois o dinamismo das relações humanas possibilita um crescimento pessoal diário.

Referências

ASSIS, Machado de. Adão e Eva. In: *Obra completa*. Rio de Janeiro: Nova Aguilar, 1994. v. 2.

BAKHTIN, Mikhail. *Estética da criação verbal*. São Paulo: M. Fontes, 2003.

BAMBERGER, Richard. *Como incentivar o hábito de leitura*. São Paulo: Ática; Unesco, 2004.

BÍBLIA (Novo Testamento). Primeira carta de São Paulo aos Coríntios. Português. *Bíblia Sagrada*. Trad. Centro Bíblico Católico. 34. ed. São Paulo: Ave Maria, 1982. cap. 13.

BORTOLOTI, Marcelo. Energia que vem da praia. *Revista Superinteressante*, São Paulo, n. 224. mar. 2006. Disponível em: <http://super.abril.com.br/superarquivo/2006/conteudo_433071.shtml>. Acesso em: 14 mar. 2012.

BRASIL. Lei n. 5.692, de 11 de agosto de 1971. *Diário Oficial da União*, Poder Executivo, Brasília, DF, 12 ago. 1971. Disponível em: <http://www.planalto.gov.br/ccivil_03/leis/L5692.htm>. Acesso em: 14 mar. 2012.

BRASIL. Lei n. 9.394, de 20 de dezembro de 1996. *Diário Oficial da União*, Poder Executivo, Brasília, DF, 23 dez. 1996. Disponível em: <http://www.planalto.gov.br/ccivil_03/LEIS/19394.htm>. Acesso em: 14 mar. 2012.

BRASIL. Ministério da Cultura. Ministério da Educação. *PNLL – Projeto Nacional do Livro e Leitura*. Disponível em: <http://www.oei.es/fomentolectura/pnll_brasil.pdf>. Acesso em: 14 mar. 2012.

BRASIL. Ministério da Educação. *Parâmetros Curriculares Nacionais*: Terceiro e Quarto Ciclos do Ensino Fundamental. Brasília/DF: MEC/SEF, 1998. Disponível em: <http://portal.mec.gov.br/seb/arquivos/pdf/portugues.pdf>. Acesso em: 14 mar. 2012.

_____. *Parâmetros Curriculares Nacionais*: Ensino Médio. Brasília: MEC/SEF, 2000. Disponível em: <http://portal.mec.gov.br/seb/arquivos/pdf/blegais.pdf>. Acesso em: 14 mar. 2012.

BRASIL. Ministério da Educação. Secretaria de Educação Básica. Departamento de Políticas de Educação Infantil e Ensino Fundamental. *Ensino fundamental de nove anos*: orientações gerais. Brasília, 2004. Disponível em: <http://portal.mec.gov.br/seb/arquivos/pdf/Ensfund/noveanorienger.pdf>. Acesso em: 13 mar. 2012.

BUTT, Graham. *O planejamento de aulas bem-sucedidas*. Trad. Adail Sobral e Anselmo Lima. São Paulo: Special Book Service Livraria, 2006. (Série Expansão).

CAGLIARI, Luiz Carlos. *Alfabetizando sem o ba-bé-bi-bó-bu*. São Paulo: Scipione, 1998. (Pensamento e Ação no Magistério).

CAMÕES, Luís Vaz de. *Obras completas*. Lisboa: Sá e Costa, 1971.

CAVALCANTE, Rodrigo. Como fica Cuba após Fidel? *Revista Superinteressante*, São Paulo, n. 235. jan. 2007. Disponível em: <http://super.abril.com.br/superarquivo/2007/conteudo_485228.shtml>. Acesso em: 14 mar. 2012.

CHARTIER, Roger. *A aventura do livro*: do leitor ao navegador. São Paulo: Unesp, 1998.

CONTINI JÚNIOR, José. A concepção do sistema alfabético por crianças em idade pré-escolar. In: KATO, Mary A. *A concepção da escrita pela criança*. São Paulo: Pontes, 2002.

CURRAN, Jane V. Oral Reading, Print Culture and the German Enlightenment. *The Modern Language Review*, v. 100, n. 3, Jul., 2005. Disponível em: <http://www.jstor.org/stable/3739121>. Acesso em: 06 jan. 2009.

DECLARAÇÃO DE JOMTIEN SOBRE EDUCAÇÃO PARA TODOS. Disponível em: <http://www.acaoeducativa.org.br/downloads/Declaracao_Jomtien.pdf>. Acesso em: 10 nov. 2008.

FARREL, Thomas S. C. *Planejamento de atividades de leitura para aulas de idiomas*. Trad. Itana Summers Medrado. São Paulo: Special Book Service Livraria, 2003. (Portfólio SBS n. 6).

FERREIRA, Aurélio Buarque de Hollanda. *Dicionário da Língua Portuguesa*. 6. ed. Curitiba: Positivo, 2004.

FERREIRO, Emilia et al. *Analisis de las pertubaciones en el processo de aprendizaje escolar de la lectura y la escritura*, Fasc. 2, México, OEA – Projecto Especial de Edecacion Especial, 1982.

FOLEY, John Miles. "Reading" Homer Through Oral Tradition. *College Literature*, 34.2, p. 1-28, Spring 2007. Disponível em: <http://muse.jhu.edu.www.libproxy.wvu.edu/journals/college_literature/v034/34.2foley.pdf>. Acesso em: 08 jan. 2009.

FONSECA, Cristina (Org.). *O pensamento vivo de Jorge Luis Borges*. São Paulo: M. Claret, 1987. (Coleção O Pensamento Vivo).

FREIRE, Paulo. *A importância do ato de ler*: em três artigos que se completam. 45. ed. São Paulo: Cortez, 2003

HAVELOC, Eric. A equação oralidade-cultura escrita: uma fórmula para a mente moderna. In: OLSON, David R. TORRANCE, Nancy. *Cultura, escrita e oralidade*. São Paulo: Ática, 1995.

HOLLANDA, Chico Buarque de. Apesar de você. Intérprete: Chico Buarque. In: ______. *Chico Buarque de Hollanda n° 4*. Rio de Janeiro: Phillips, 1970.

INEP – Instituto Nacional de Estudos e Pesquisas Educacionais Anísio Teixeira. *Mapa do analfabetismo no Brasil*. Brasília: MEC, 2003. Disponível em: <http://www.inep.gov.br/estatisticas/analfabetismo>. Acesso em: 14 mar. 2012.

INFANTE, S. *O texto*. São Paulo: Contexto, 1991.

JAKOBSON, Roman. *Linguística e comunicação*. São Paulo: Cultrix, 1970.

JOHNSON, William A. Toward a Sociology of Reading in Classical Antiquity. *American Journal of Philology*, v. 121, n. 4, p. 593-627, Winter 2000. 121. Disponível em: <http://muse.jhu.edu./login?uri=/journals/american_journal_of_philology/v121/121.4johnson.pdf >. Acesso em: 08 jan. 2009.

JOSEF, Bella. *A máscara e o enigma*. Rio de Janeiro: Francisco Alves, 1986.

KATO, Mary A. *No mundo da escrita*: uma perspectiva psicolinguística. São Paulo: Ática, 1989. (Série Princípios).

______. *O aprendizado da leitura*. 5 ed. São Paulo: M. Fontes, 1999.

KATO, Mary A. (Org). ______. *A concepção da escrita pela criança*. São Paulo: Pontes, 2002.

KAVANAGH, J. F.; MATINGLY, I. G. (Org.). *Language by Ear and by Eye*. Cambridge, MA: MIT Press, 1972.

KLEIMAN, Angela. *Oficina de leitura*: teoria e prática. 11. ed. São Paulo: Pontes, 2007.

______. *Texto e leitor*: aspectos cognitivos da leitura. São Paulo: Pontes, 2004.

KOCH, Ingedore Grunfeld Villaça; ELIAS, Vanda Maria. *Ler e compreender*: os sentidos do texto. 2. ed. São Paulo: Contexto, 2006.

KOCH, Ingedore Grunfeld Villaça; TRAVAGLIA, Luiz Carlos. *A coerência textual*. São Paulo: Contexto, 1990.

LEFFA, Vilson José. *Texto*: teoria e prática. Porto Alegre: Artes Médicas, 1991.

MANGUEL, Alberto. *Uma história da leitura*. São Paulo: Companhia das Letras, 1996.

MARCUSCHI, Luiz Antônio. Leitura e compreensão de texto falado e escrito como ato individual de uma prática social. In: ZILBERMAN, Regina; SILVA, Ezequiel Theodoro da. (Org.). *Leitura*: perspectivas interdisciplinares. 5. ed. São Paulo: Ática, 2004.

MARTINS, Dileta Silveira Martins; ZILBERNOP, Lúbia Scliar. *Português instrumental*: de acordo com as atuais normas da ABNT. 28. ed. Porto Alegre: Atlas, 2009.

MARX, Karl; ENGELS, Friedrich. *Manifesto comunista*. Disponível em: <http://www.pstu.org.br/biblioteca/marx_engels_manifesto.pdf>. Acesso em: 14 mar. 2012.

MEDEIROS, Martha. O chato. In: ______. *Montanha-russa*. 7. ed. Porto Alegre: L&PM, 2006. p. 36-37.

MIALARET, Gaston. *A aprendizagem da leitura*: temas pedagógicos. Trad. Eduardo Saló. 3. ed. Lisboa: Estampa, 1997.

NEVES, Iara et al. (Org.). *Ler e escrever*: compromisso de todas as áreas. 4. ed. Porto Alegre: Ed. Universidade; UFRGS, 2001.

RUSSO, Renato. Monte Castelo. Intérprete: Legião Urbana. In: Legião Urbana *As quatro estações*. Rio de Janeiro: EMI Odeon, 1985.

SANDERS, Barry. A mentira em ação: Chaucer se torna autor. In: OLSON, David R. TORRANCE,

Nancy. *Cultura escrita e oralidade.* São Paulo: Ática, 1995.
SANTAELLA, Lucia. *Navegar no espaço*: o perfil cognitivo do leitor imersivo. São Paulo: Paulus, 2004.
SCHIMIDT, Siegfried J.; SCHURMANN, Ernest F. *Linguística e teoria do texto.* São Paulo: Pioneira, 1978.
SEVERINO, Antônio Joaquim. *Metodologia do trabalho científico.* 22. ed. São Paulo: Cortez, 2002.
SILVA, Bruno Miquelino da. Autores que escrevam sobre nada. fev. 2005 *Revista Superinteressante.* Disponível em: <http://super.abril.com.br/cultura/autores-escrevam-nada-445489.shtml>. Acesso em: 14 mar. 2012.
SMITH, Frank. *Leitura significativa.* 3. ed. Porto Alegre: Artes Médicas, 1999.
SOLÉ, Isabel. *Estratégias de leitura.* Porto Alegre: Artmed, 1998.
TERZI, Sylvia Bueno. *A construção da leitura.* 3. ed. Campinas: Pontes, 2002.
UNESCO – Organização das Nações Unidas para a Educação, a Ciência e a Cultura. *Declaração de Nova Delhi sobre educação para todos.* Nova Delhi: Unesco, 1993; 1998. Disponível em: <http://unesdoc.unesco.org/images/0013/001393/139393por.pdf>. Acesso em: 14 mar. 2012.
WITTMANN, Reinhard. Existe uma revolução da leitura no final do século XVIII? In: CAVALLO, Guglielmo; CHARTIER, Roger (Org.). *História da leitura no mundo ocidental.* São Paulo: Ática, 1999. v. 2.

Gabarito

Capítulo 1

1. d
2. c
3. a
4. c
5. b

Capítulo 2

1. d
2. b
3. b
4. a
5. c

Capítulo 3

1. d
2. c
3. b
4. a
5. d

Capítulo 4

1. c
2. a
3. b
4. d
5. c

Capítulo 5

1. d
2. b
3. a
4. c
5. d

Capítulo 6

1. c
2. d
3. b
4. c
5. c

Capítulo 7

1. a
2. d
3. a) antes; b) durante; c) depois; d) antes.
4. a) previsões sobre o texto; b) identificação da ideia central; c) perguntar e responder sobre o que foi lido; d) ativação do conhecimento prévio.
5. c

Capítulo 8

1. d
2. d
3. b
4. c
5. a

Capítulo 9

1. b
2. c
3. a
4. d
5. b

Impressão: BSSCARD
Agosto/2013